太りグセ、2週間でなかったことに!
ゆるトレなのに、効果テキメン

最強くびれメソッド

ボディメンテナンスセラピスト
久 優子

世界文化社

INTRODUCTION

くびれケアでカラダは変わる！
たった２週間で、やせ体質にリセット。

「くびれ」というと真っ先に思い出すのは「ウエスト」ではないでしょうか？ 確かにウエストのくびれがあると背が高く見えたり、脚が長く見えたり、実際よりやせて見えたりと嬉しい効果がたくさんあります。

本書で紹介する「くびれメソッド」は、わたしのダイエットの成功の鍵でもある「足首」、そして「ウエスト（腰）」「手首」「首」の４つのくびれをケアすることで巡りが良くなり、健康的にやせることができる、という最強のメソッドです。

わたしのダイエット経験は、セラピストとしての活動はもとより、美脚トレーナーとしての綺麗な脚になる研究、セミナーや講座などにも大いに役立っています。その中でも特に大事なキーワードは「足首」。それは身体を支える基本・土台であるからです。ですから足首がゆがむと、気づかないうちに全身にゆがみが生じ、体調不良を起こしてしまうのです。

身体は、すべてつながっていますので、連動して良くも悪くもなるのです。だったら基本・土台である「足首」をはじめとする「4つのくびれ」のケアをし、健康的にやせるスイッチを入れませんか?

そう! このメソッドは、ただやせるだけのメソッドではなく、健康になるという大きな効果もあるのです。

まずは、「くびれケア」の重要性とその意味を知ることからはじめてください。なぜそのケア・動きが必要なのか?

そしてそのケアや動きをすることによって身体にどんな効

自分史上MAXな体重だった、わたし。アメリカにホームステイで食生活が変わり、1ヶ月半で体重が68kgに。すっかりおデブになり、顔もパンパンでした。帰国後、様々なダイエットを手当たり次第実践しましたが失敗続き。ある日段差のないところでつまずき、足首の硬さや冷たさを実感し、足首まわしとマッサージをしたところなんと半年で15kgのダイエットに成功したのです。以来、足首まわしのおかげでリバウンドはなし！ この体験こそがわたしの活動の原点です。

果があるのか？ など身体のメカニズムを知った上で行うことで、より高い効果や持続性が感じられます。

これまで刊行されたわたしの著書では、マッサージやストレッチ、エクササイズをより効果的に行う組み合わせを考案し、紹介してきました。ですが、セミナーや講座などで実際に皆様と触れ合うなかで、もっと初歩的なケアを人体学とともにお伝えする必要があると感じました。そんな背景から、わたしの11冊目になるこの本では、よりシンプルで効果を即実感できるセルフケアの「基本のキ」をお伝えできればと思い、完成させました。

わたしがサロンを開業してから11年目になります。多くの方々の身体のメンテナンスをさせていただき、学んだことや探求してきたことを皆様に活かしていただける一冊になったと思います。セルフチェック・セルフケアをすることは、自分の美と健康のために必要なことです。

この本がそのきっかけになれば、とても嬉しいです。

CONTENTS

人体学って難しいと思っていない？
「人体学」っていうと難しく感じるけど、難しく考えないで！ 身体のメカニズムを知ると「なるほど」と思うことがたくさん。その「なるほど」を増やしていけば自分のカラダをもっと深く知ることができちゃう！

{ method for "4-kubire" }

CHAPTER 1

人体学から学ぶ やせスイッチは “4つのくびれ”にある

身体の中でも重要な４つのくびれは「足首」「ウエスト」「手首」「首」の4Neck！

４つのくびれをケアすることで全身にいい効果がたくさんあるということがわかるはず！

人体学セミナーはじめました！

人体学っていうと、すごく難しいイメージがありますよね。でも実際に学んでみると、とても楽しいんです。どんな視点から学ぶか？によって頭に入って来方がまったく変わるんです。

わたしもリンパセラピストになるため解剖生理学を学びましたが、テキストに沿って決まった時間内、学ぶだけの授業は退屈で仕方なかった記憶があります。でもある時、自分の身体に触れながら骨を探ったり、関節を動かしながら、ゆるむ感覚を学ぶことがあり、人体の不思議に魅了されました。

わたしの多くの本ではセルフケアを具体的に紹介していますが、セミナーや講座で直接やり方をお教えし、実践していただくと、正しくできていないかたが半数以上。でも〝ある説明〟をし、一緒に関節をゆるめたり、動かした

りすると不思議なくらいできるようになるんです。

その〝ある説明〟というのが「人体学」に基づいたお話。身体を動かしていくうちに、どんどん自分が変わっていくのを実感できるのです。試験的に行った6時間の「セルフケアに役立つ人体学」は満員御礼！

そこではセルフケアをするために知っておきたい「人体学」を、皆さんの身体の状態を見ながらお話しします。例えば正しい姿勢を身体に覚えさせる場合、正しい姿勢とはどんな姿勢なのか、ポイントをイラストで説明します。

そして2人一組になって実際に立ってもらい、チェックすると、大半のかたが体のゆがみが原因で正しい姿勢がとれないことがわかります。わたしが一人一人細かくチェックし、ゆがみポイントをゆるめると正しい姿勢がとれるようになり、その結果バストアップしたり、上半身がリフトアップしたり、呼吸が楽になったりするんです。

6時間なんて長すぎると不安に思っていた参加者のかたからは、「あっという間だった」「もっと知りたいので次回も参加します」と嬉しいリアクション。

人体学を学ぶとセルフケアの効果も倍増！ それだけでなく、不調を改善する力も身につきます。

この章ではそんな「人体学」の基本をお伝えします。

人体学から見るやせスイッチが“4つのくびれ”にあるワケ

わたしたちの身体にある4つの大切な首。「足首」「ウエスト（腰）」「手首」「首」はすべて「つながるところ」なのです。「足首」は身体の土台である足をつなぐ、とても大事な部分です。足は28個の骨で形成され、それらの骨がゆるみ、正しい位置にあることで足の機能性がアップします。するとしっかりと身体を支えることができるようになります。

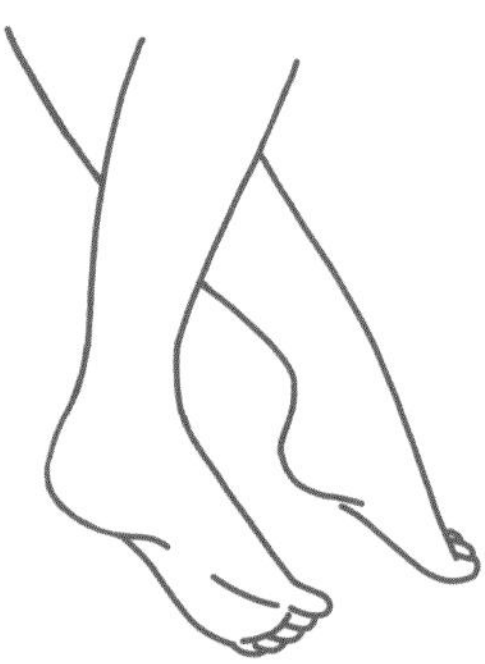

1 足首

ANKLE

足首がゆがむと全身のゆがみにつながり、代謝がダウンします。足首ケアは全身の巡りを良くし、代謝アップに絶大な効果をもたらします。

2 ウエスト

WAIST

ウエストには太い血管とリンパ節があるため、刺激をすることでデトックスできます。内臓の働きも良くなり、冷えや便秘などの改善にもなります。

「ウエスト」つまり「腰」は文字通り身体の要。上半身と下半身をつなぐ大切な部分です。腰と密接な関係にあるのは内臓。特に胃腸との関係は深く、胃腸が弱ると腰の筋肉が硬くなり、腰だけにとどまらず、お腹の血液やリンパの流れが滞り、全身の巡りが悪くなります。

「手首」は足首同様、大切な場所。手は27個の小さな骨で形成されており、骨と骨をつなぐ関節がゆるむことで細やかな動きができるのです。そして手首を通る神経は、首につながっており、それぞれの神経と連動して指の繊細な動きをコントロールしているのです。

「首」は、頭・脳を支えています。そして脳は身体を動かすための司令塔であり、その司令塔が正しく機能しているのは首が血流を保ち、栄養や酸素を送っているからなのです。

この4つの首をケアすることで「酸素」「血液」「リンパ」「神経」などが正常に働くようになり、健康な身体を保つことができ、自然とやせ体質になるのです。

手首

WRIST

手首には重力こそかかりませんが、足首同様とても大切なパーツです。手首と首や肩の神経は密接な関係にあるため、ケアすると首・肩まわりが軽くなります。

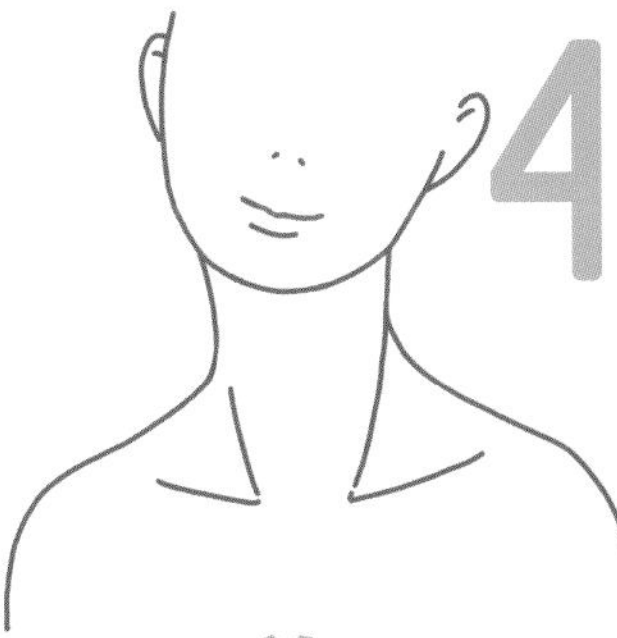

首

NECK

首は頭と身体をつないでいるもっとも大切なパーツです。首には太い血管やリンパ節があり、小顔になるためにケアは必須です。

「関節をゆるめる」だけでカラダにはいいことだらけ

わたしたち人間の骨の数は、約２００〜２０６個あり、本来骨格だけで身体を支えられるようにできています。そしてそれらの骨と骨をつないでいるのが「関節」。全部で２６５か所あると言われています。わたしたちはこの「関節」のおかげで歩いたり走ったり、自由自在に複雑な動きができるのです。特に「関節」が多いのは手と足で、全体の60%を占めています。身体の基本である足には、くるぶしから指先にかけて28個の骨があり、それらをつなぐ関節がたくさんあります。特に足は身体の基本・土台でもあるため、重心が偏ってかかったりすることで関節がゆがみ、硬くなってしまいます。すると全身にゆがみが生じ、体調不調を招いてしまうのです。

足首の関節をゆるませることで、身体のゆがみを改善することができるだけでなく、可動域が広がり、足の機能性を取り戻すことができます。すると自然に血液やリンパの流れが促進され、代謝を上げることができるのです。体内の老廃物や毒素・疲労物質は骨のまわりに溜まりやすいというメカニズムがあるので、関節のケアをすることが、デトックスにつながるのです。

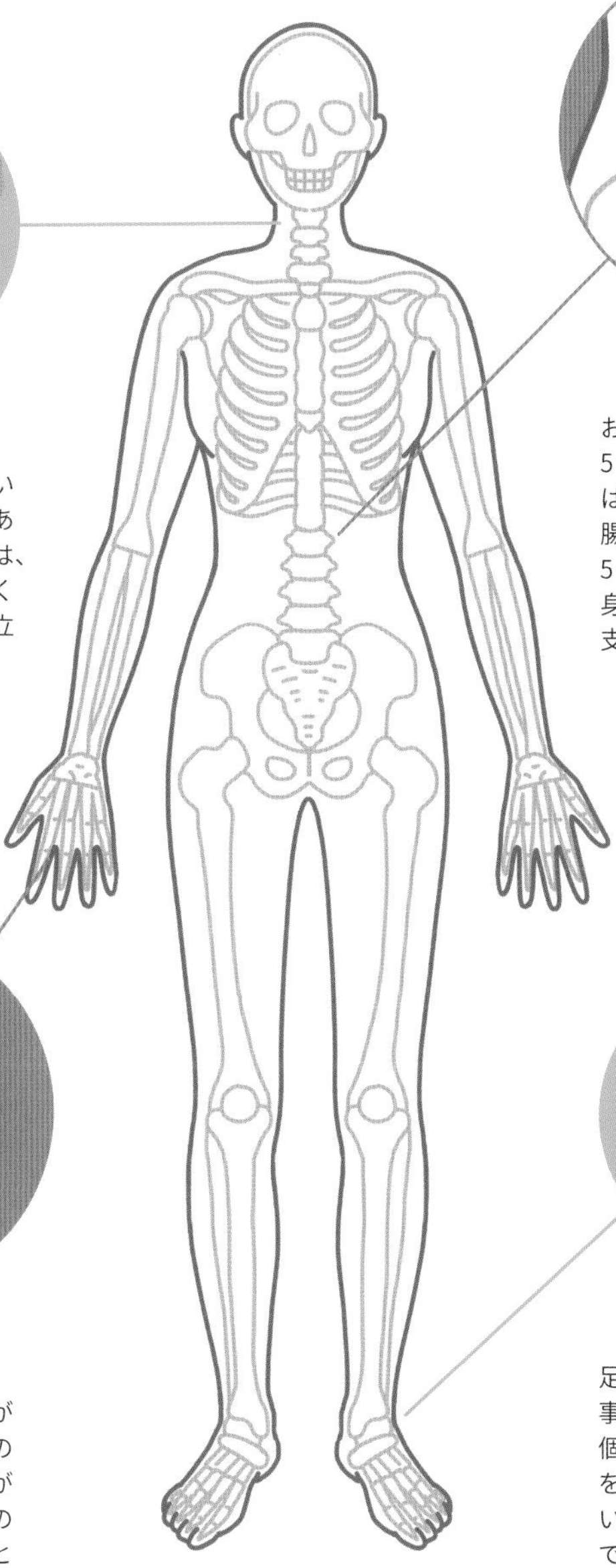

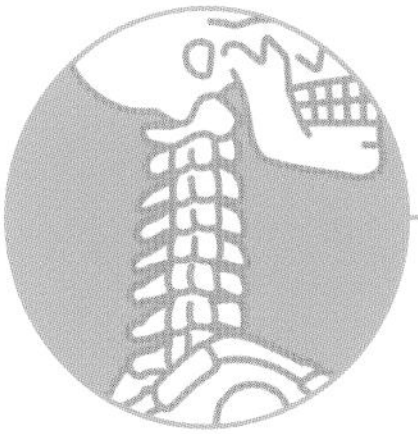

首

首は頭・脳を支えるというとても重要な役割があります。首の骨（頸椎《けいつい》）は、身体の骨の中でも細く華奢な7つの骨で成り立っています。

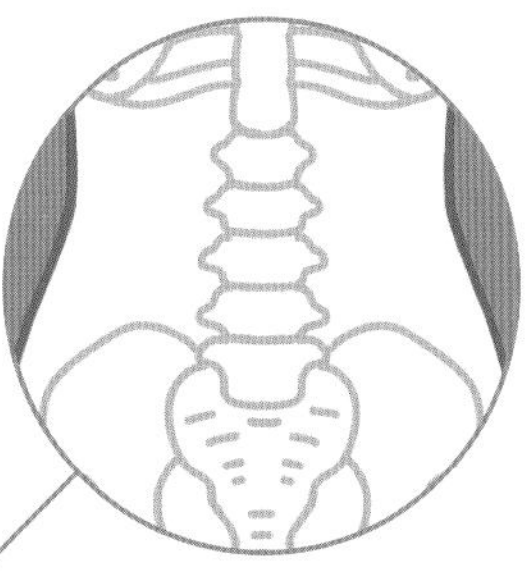

ウエスト

お腹・腰には腰椎という5つの骨があり、周囲にはたくさんの筋肉・胃や腸などの内臓があります。5つの骨は上半身と下半身をつなぎ、身体全体を支えています。

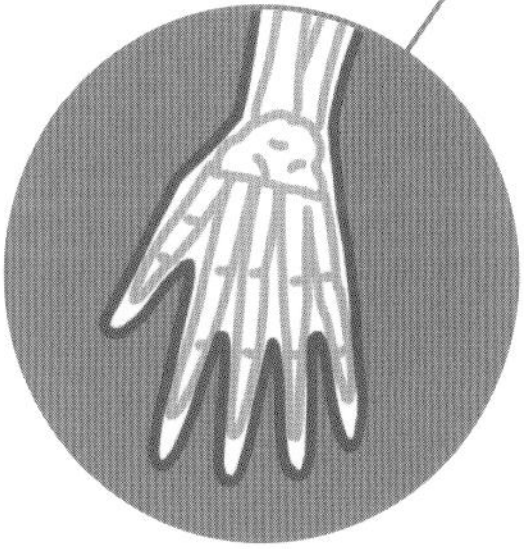

手首

手は27個の小さな骨が集まって成り立ち、そのおかげで細かい動きができます。さらに手首の5つの骨が柔軟になると肩や首も楽になります。

足首

足は身体の土台である大事な部分です。足は28個の骨で成り立ち、身体を支えバランスをとっています。特に重力の影響で老廃物や毒素が溜まりがちです。

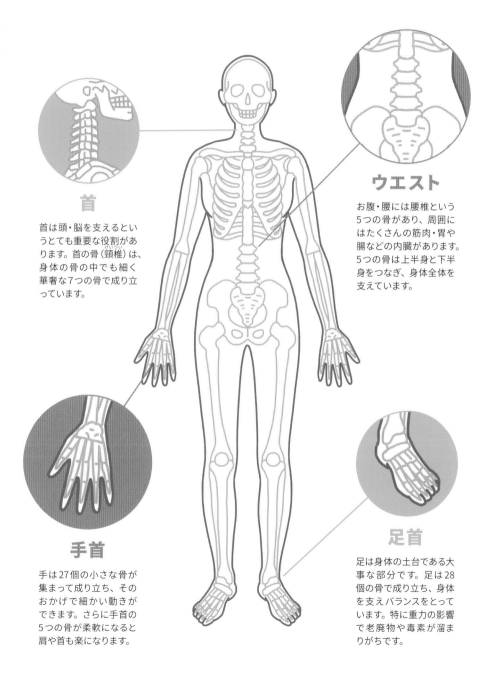

「リンパを流す」ことが大事な理由

「リンパケア」とは本来、医療の一環で開発された手技で、正しい知識を持って正しく行えば安全に効果を得ることができます。「リンパ管」は血管と同様、わたしたちの身体に張り巡らされています。毛細血管のように細く、動きがとてもゆっくりなため全身を一周するのになんと8～12時間もかかるのです。そして全身に600カ所ほどある「リンパ節」は老廃物をろ過し、リンパ管の中を流れるリンパ液をきれいにする役割をしています。代表的なリンパ節は耳下腺《じかせん》リンパ節・腋窩《えきか》リンパ節・鼠蹊《そけい》リンパ節などがあります。あまり知られていませんが「リンパ」は、血管の静脈で回収しきれなった老廃物や毒素、疲労物質などを回収しています。つまりリンパと血液は助け合いながら全身を巡っているのです。体内の不要なものを回収し、体外に排泄する働きがあるため「リンパ」の流れが滞ると疲れが取れにくく、新陳代謝が落ち、むくみの原因にもなります。そしてリンパの役割で忘れてはいけないのは「免疫」に関わること。リンパの流れが活発なほど、免疫力が高まり、自然治癒力を高めることができるのです。

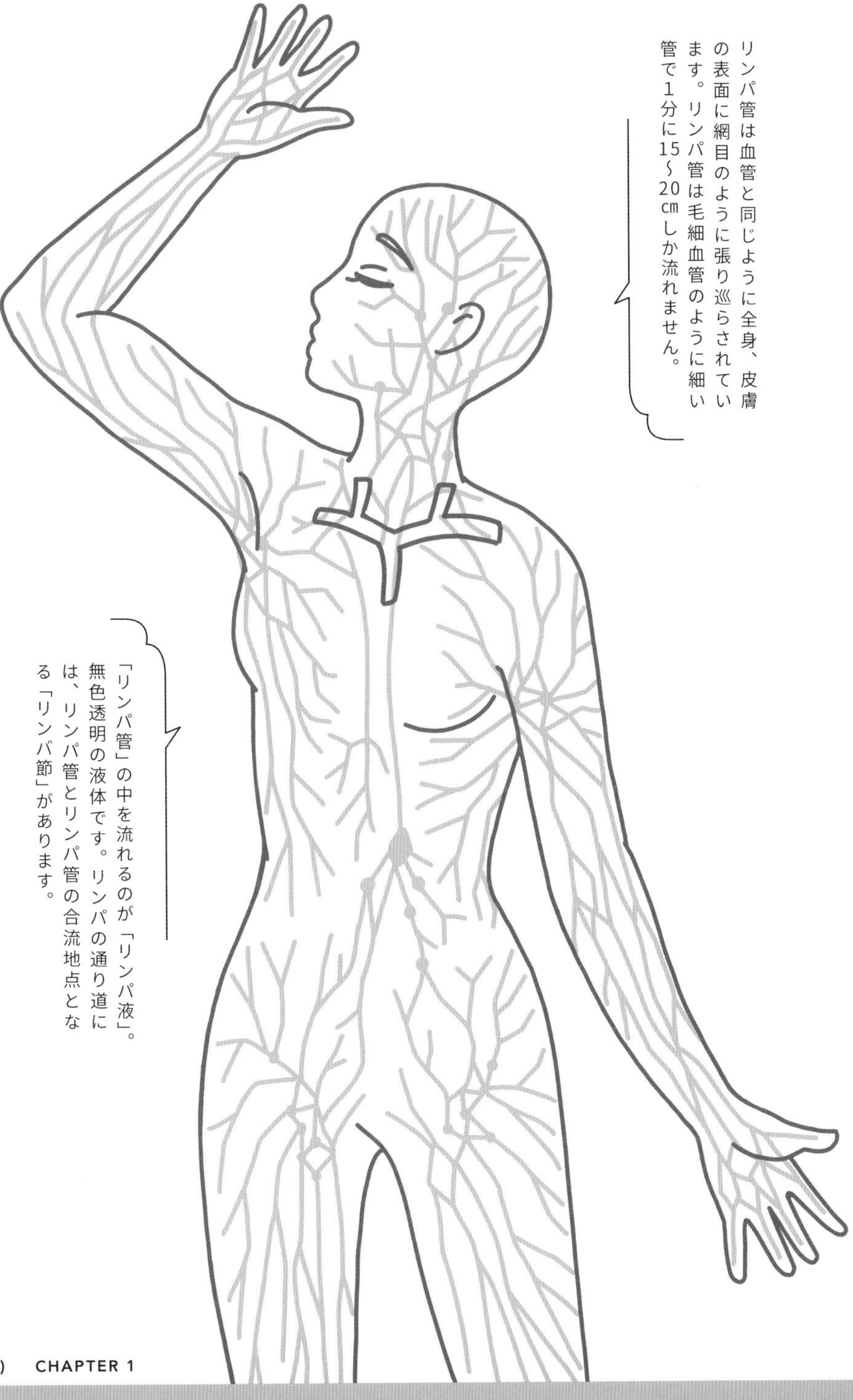
リンパ管は血管と同じように全身、皮膚の表面に網目のように張り巡らされています。リンパ管は毛細血管のように細い管で1分に15～20㎝しか流れません。
「リンパ管」の中を流れるのが「リンパ液」。無色透明の液体です。リンパの通り道には、リンパ管とリンパ管の合流地点となる「リンパ節」があります。

とすべてが解決する

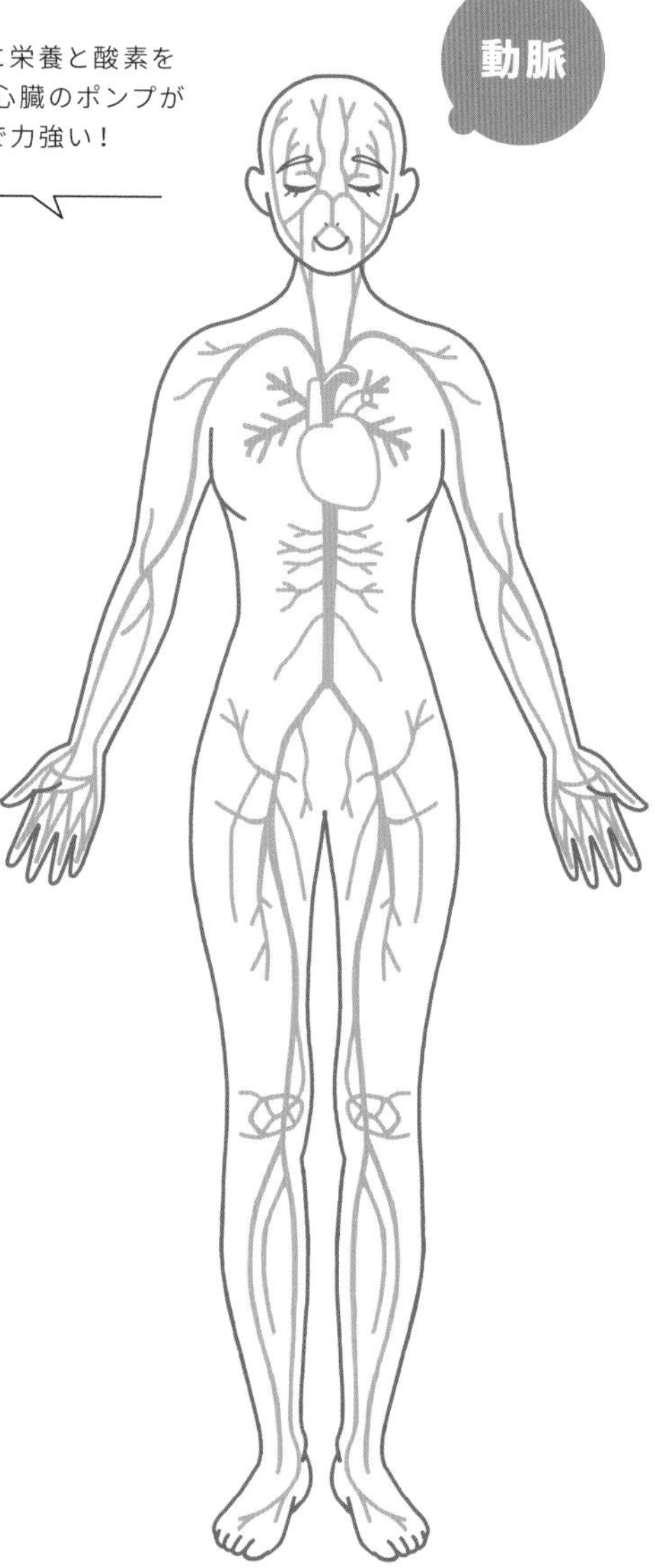
動脈は、全身に栄養と酸素を運んでいます。心臓のポンプが動力なので力強い！
動脈

「血液」の流れは「動脈」と「静脈」に分かれ、全身を巡っています。

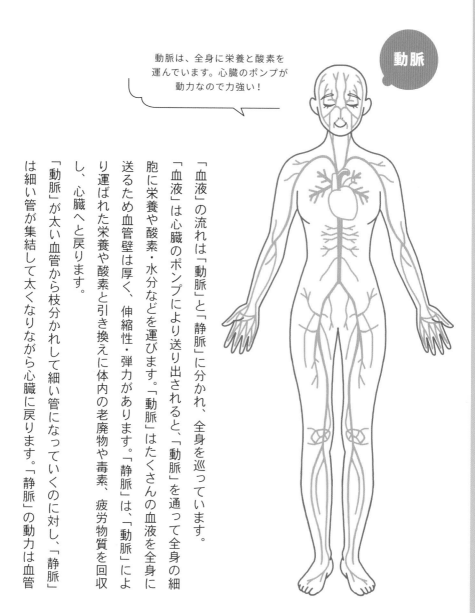

「血液」は心臓のポンプにより送り出されると、「動脈」を通って全身の細胞に栄養や酸素・水分などを運びます。「動脈」はたくさんの血液を全身に送るため血管壁は厚く、伸縮性・弾力があります。「静脈」は、「動脈」により運ばれた栄養や酸素と引き換えに体内の老廃物や毒素、疲労物質を回収し、心臓へと戻ります。

「動脈」が太い血管から枝分かれして細い管になっていくのに対し、「静脈」は細い管が集結して太くなりながら心臓に戻ります。「静脈」の動力は血管

「血流を整える」

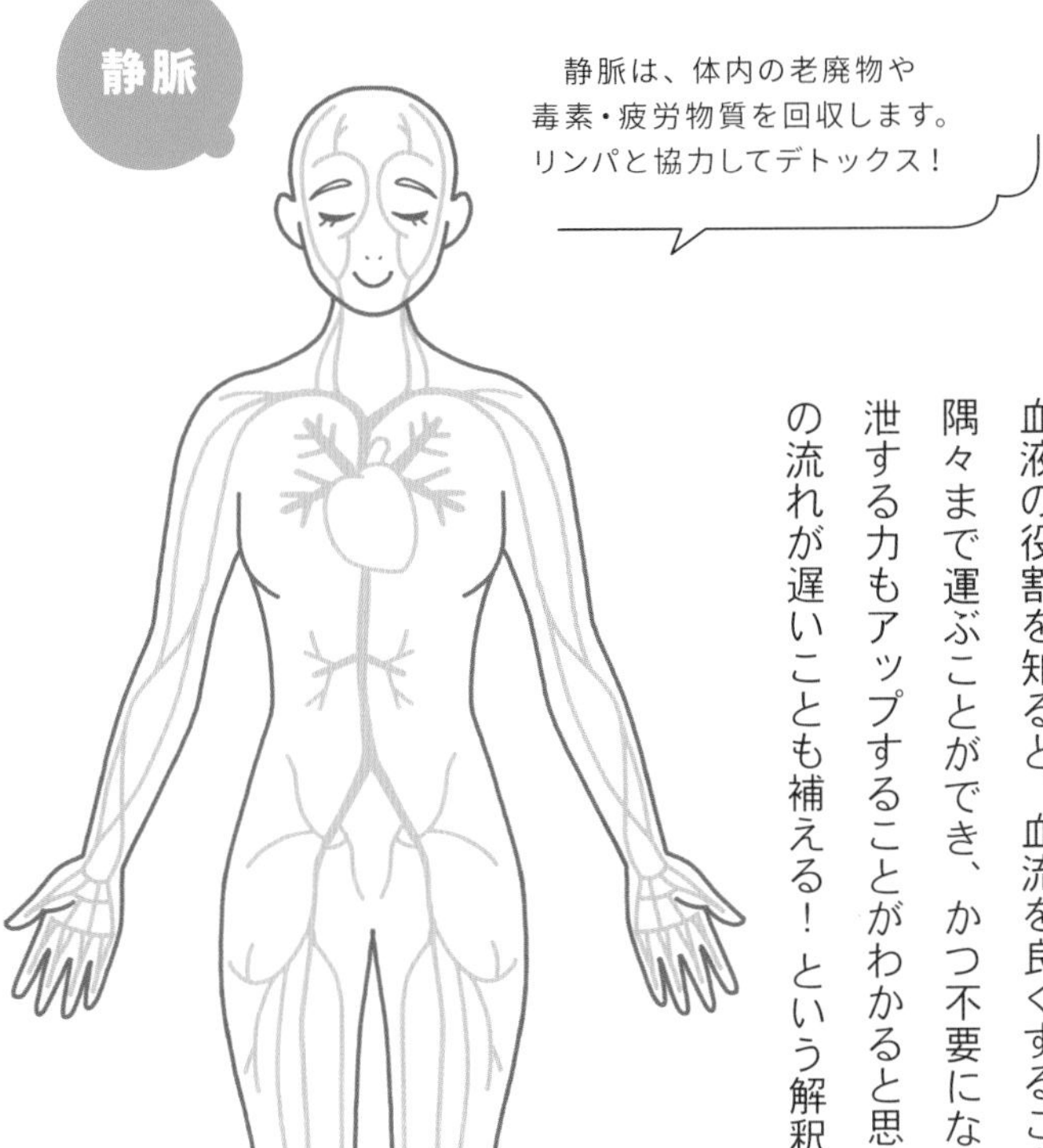
静脈
静脈は、体内の老廃物や
毒素・疲労物質を回収します。
リンパと協力してデトックス！

の近くの筋肉伸縮による「筋ポンプ」や呼吸による「呼吸ポンプ」ですから、心臓のポンプで流れる「動脈」と比べて絶対的に流れが遅いため、滞りやすいという特徴があります。「血液」の流れが悪くなると、冷えを増長させ、老廃物や毒素・疲労物質が溜まり、むくみや慢性疲労を引き起こします。

血液の役割を知ると、血流を良くすることで、新鮮な酸素や栄養を身体の隅々まで運ぶことができ、かつ不要になった老廃物や毒素・疲労物質を排泄する力もアップすることがわかると思います。血流が良くなればリンパの流れが遅いことも補える！という解釈もできますよね。

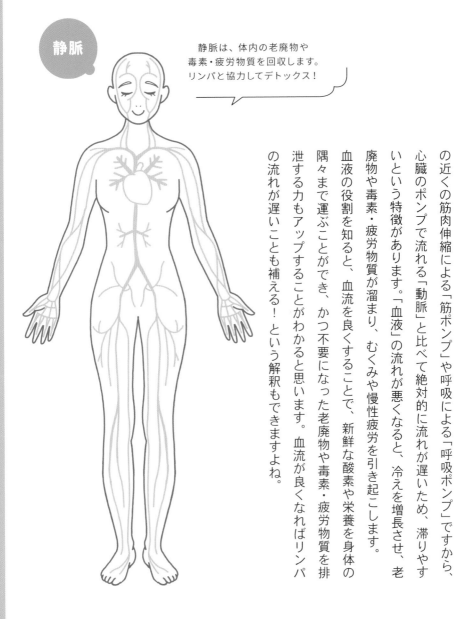

〝4つのくびれ〟を制するものは「骨格美人」になれる

これまでに紹介したケアすべき「４つのくびれ」が本来あるべき位置に戻ることで、それぞれの機能性が最大限に引き出されるようになります。体液（血液・リンパ）の循環が良くなり、体内の浄化ができるだけでなく、冷えやむくみの改善になることは言うまでもありません。体内がキレイになると同時に肌質や体質の改善もできるため様々な良い変化が起こるでしょう。

そして「４つのくびれ」ケアをし、骨格が整うことで内臓が正しい位置に戻り、内臓の活性化も期待できます。胃の働きが良くなり、消化吸収のバランスが整い、食欲をコントロールできるようになったというセミナー参加者のお声もあります。また骨格と連動し関節が整うことで血液やリンパの流れが促進され、デトックス力が促進できます。そればかりでなく関節の可動域が広がり、動きがスムーズになり、運動能力がアップし、新陳代謝も良くなるなど嬉しい変化がたくさん起こります。
また「骨格」は全身の軸ですから、「４つのくびれ」ケアをし、ゆがみが改善されたことにより、身長が伸びたり、正しい姿勢を維持できるようになったり、見た目にも大きな変化が起こります。

見た目の変化は、女性にとって大きな「やる気スイッチ」です。今まで着ていたお洋服のシルエットが美しくなったり、脚のラインがまっすぐになりスカートをはくのが楽しみになったり、周囲の人が変化に気づいた時の嬉しさは格別です。

「４つのくびれ」が整うと、身体の骨格が整うため骨格美人になります。
するとメリハリのある女性らしい美しいシルエットになるのです。

Special Essay 特別寄稿

「人生100年時代」と耳にすることが多くなりました。人間は生まれた時から「老い」に向かって進んでいくのは当然のこと。とはいえ、できる限り、抑制・予防することを日ごろの習慣として行えたら…。４つのくびれの大切さを教えてくださった恩師・帯津良一先生からスペシャルメッセージをいただきました。私たち日本人が「養生」と呼び、大切にしてきたセルフケア。この習慣は一生もの、４つのくびれケアはあなたの宝物になることでしょう。

養生の鍵は四つのくびれにあり

——帯津良一

人生の幸せは後半にあり。これは貝原益軒の『養生訓』の底流を為す思想であり、私自身の経験からも頷けるものです。この思想を体現するためにも、私は死ぬその日まで現役で働いていきたいと肝に銘じている次第です。そのための有力な方法として今回は首、手首、腰、足首の四つのくびれの重要性について述べたいと思います。

まずは首です。ここには呼吸を掌《つかさど》る気管、食物を運ぶ食道、脳を養う頸動静脈《けいどうじょうみゃく》が通っており、さらには東洋医学でいう経絡《けいらく》が束になって通っています。また首は頭（脳）を支えています。脳が正しく機能しているのは首が血流を保ち、

帯津良一
RYOICHI OBITSU

1936年埼玉県生まれ。1961年東京大学医学部卒業。東京大学医学部第三外科、共立蒲原総合病院外科、東京都立駒込病院外科を経て1982年帯津三敬病院を設立。ホリスティックなアプローチによるがん治療を実践。2000年楊名時太極拳21世紀養生塾設立、塾頭。2001年帯津三敬病院、名誉院長。2013年4月NPO法人帯津良一場の養生塾設立、理事長。NPO法人日本ホリスティック医学協会名誉会長。日本ホメオパシー医学会理事長、サトルエネルギー学会会長他。主な著書に『生きるも死ぬもこれで十分』(法研)、『毎日ときめいてますか?』(風雲舎)、『全力往生』(小学館)、『ドクター帯津の養生暦365＋1』(海竜社)など。

栄養や酸素を過不足なく送っているからなのです。

また神経の流れについても、首の果たす役割は決して小さいものではありません。首の神経が不通になれば、身体の一切の活動は停止してしまいますし、また酸素や栄養の供給が十分でなければ、大脳の前頭前野《ぜんとうぜんや》で分泌される脳内伝達物質が減少して認知機能に支障を来《きた》すことになります。

次に手首と足首ということになると、なんといっても原穴《げんけつ》です。原とは十二経の根本となる臍下丹田《さいかたんでん》の気のことで、原気の不足しているときは原穴を刺激して生命力を高めることになります。太極拳や八段錦によって原気をいつも高めておきたいものです。

腰は文字通り人体の要。強靭にして柔軟な腰があっての人生です。

幸せな後半生を得るためには小脳の機能の低下、筋力の低下、そして骨の脆弱化を最小限に抑えることです。

老化と死とを受け容れながら、生命を正しく養う鍵はどうやら、この四つのくびれにあるようです。

関節ってこんな役割をしている！

わたしたちの身体は骨と骨の間の「関節」があることによって手・足をはじめ、身体を自由自在に動かすことができるんです。関節の中でも、肩甲骨は可動域が広いため、このパーツを意識して動かすと代謝アップも期待できます。

{ method for "4-kubire" }

CHAPTER 2

＼セルフチェックSTART／

“4つのくびれ”メソッド

まず、自分の
ウィークポイントを知ろう！

自分の身体を知ることはダイエットにも、健康になるためにもとても大切なこと。

まず8つの動きをやってみましょう！　できないことがあればその理由を知り、ケアしましょう。

まずはセルフチェックをしよう！

さあ！自分のカラダを知るためにやってみよう

わたしのセミナーで必ず行うこと……毎日の身体のチェックではなく、正しい動きができるかどうかや自分の身体のクセを知るための「セルフチェック」です。セミナーのテーマによって違いますが、よく行うチェック項目を次ページにリストアップしました。上から順にひとつひとつ試してみてください。するとあなたのウィークポイントがわかるはずです。

例えば「片足立ちできない人」は骨盤がゆがんでいる可能性があります。そういったかたに多いのは座り方にクセがあること。座るときに脚を組んだり、どちらかのお尻に重心をかけていたり、骨盤が後ろに倒れていませんか？　……無意識にしている行動やクセに気づくことで、自分の身体をより深く知ることができるのです。

{ CHECK YOURSELF }

CHECK 1 □ 耳が硬い人は…………………… P.28 へ

CHECK 2 □ 上を向けない人は………… P.29 へ

CHECK 3 □ 腰が反れない人は ………… P.30 へ

CHECK 4 □ つま先立ちが
できない人は…………………… P.31 へ

CHECK 5 □ 片足立ちが
できない人は…………………… P.32 へ

CHECK 6 □ 腕が耳の横まで
上がらない人は …………… P.33 へ

CHECK 7 □ 手の指がしっかり
開かない人は…………………… P.34 へ

CHECK 8 □ モンローウォークが
できない人は…………………… P.35 へ

☑ 耳が硬い人は

リンパが詰まっています

耳のまわりにあるリンパ節で有名なのは「耳下腺《じかせん》リンパ節」。実は耳の周辺にはリンパ節がたくさんあるのです。しかも耳には110個のツボがあると言われ、近くには太い動脈もあるため、耳のつけ根をやわらかくすることは、リンパの流れを促進させるだけでなく、身体にいいことがたくさんあるのです。

耳は顔と首、頭とつながっているので頭皮の緊張がほぐれ小顔効果も期待できます。

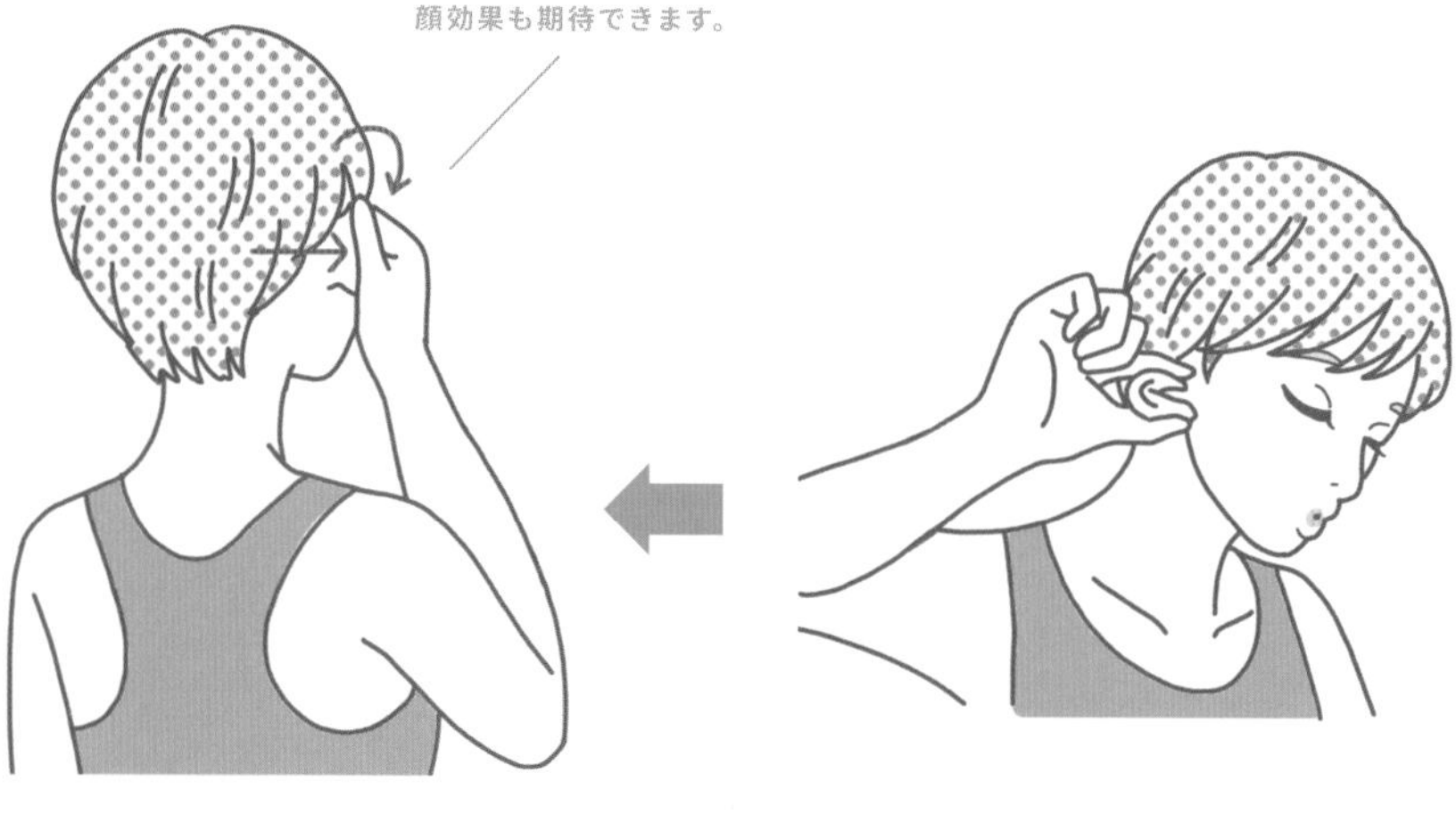

耳を前に向かって倒すようにします。耳の穴をふさぐように耳のつけ根から動かしましょう。耳のつけ根から動かしにくい場合は耳の穴を揉むと動かしやすくなります。

耳のつけ根の上下を指で挟みます。耳のつけ根をゆるめ、やわらかくするようにしっかりと刺激するのがポイントです。耳は案外冷えているので温めてあげましょう。

☑ 上を向けない人は

首に激しいコリやゆがみが

パソコンやスマホの使いすぎで首や肩がガチガチに！ 姿勢が崩れ、猫背になると、頭の重さの約3倍の負荷が首にかかります。首のコリを解消するためには、まず首にある「胸《きょう》鎖《さ》乳《にゅう》突《とつ》筋《きん》」をほぐすことが近道です。この筋肉をゆるめると、同時に首にある太い血管の流れやリンパの流れも促進できます。

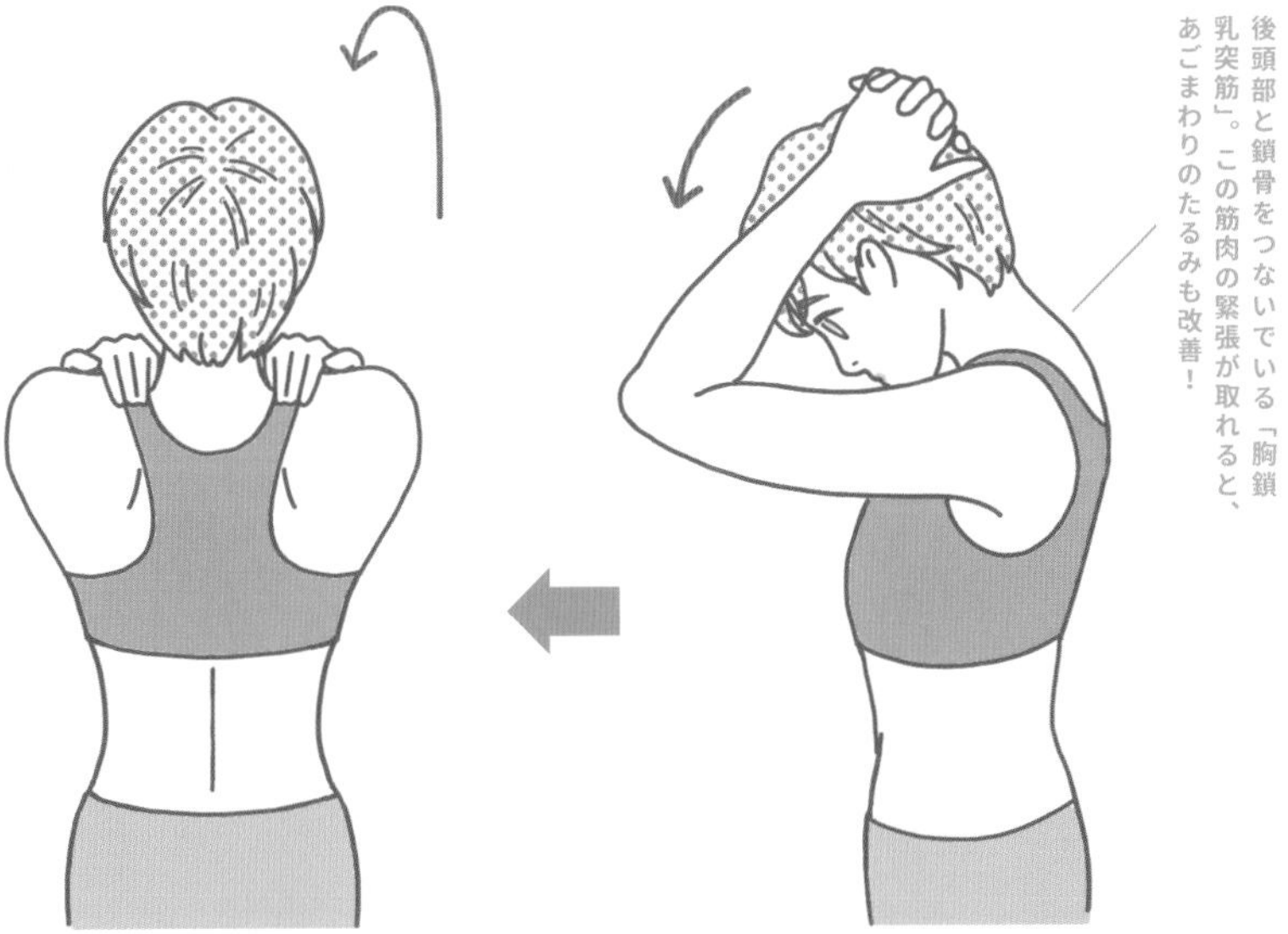
後頭部と鎖骨をつないでいる「胸鎖乳突筋」。この筋肉の緊張が取れると、あごまわりのたるみも改善！

両手を肩に引っ掛け、首を伸ばすように上を向きます。その時、親指のつけ根で鎖骨を押さえると「胸鎖乳突筋」をピンポイントで伸ばすことができます。

両手を組み、後頭部に当て、首の骨ひとつひとつを意識しながら頭を前に倒します。その時、手で押し倒すのではなく腕の重さを利用しゆっくりとゆるめましょう。

☑ 腰が反れない人は

腰が硬く、背骨がゆがんでいる

座っている時の姿勢の乱れにより骨盤がゆがみ、背骨が固まると、体幹をしっかり使えないので代謝がダウン！ 骨盤のゆがみにより背骨もゆがみ、内臓も下垂するため、ぽっこりお腹を引き起こすことにもつながります。上半身と下半身のつなぎ目をゆるめるように腰を左右に動かすことで、背骨の骨ひとつひとつを動かすことができます。

骨盤の中でも一番大きい骨「腸骨」。腸骨には悪血も溜まりやすいのでしっかりPUSH!

足を肩幅に開き、腸骨を親指で押しながら腰を横にスライドさせます。上半身と下半身をゆるめるように動かしましょう。

腸骨を押さえたまま、上半身を前にゆっくりと倒します。脚のつけ根から曲げるように倒すのがポイントです。

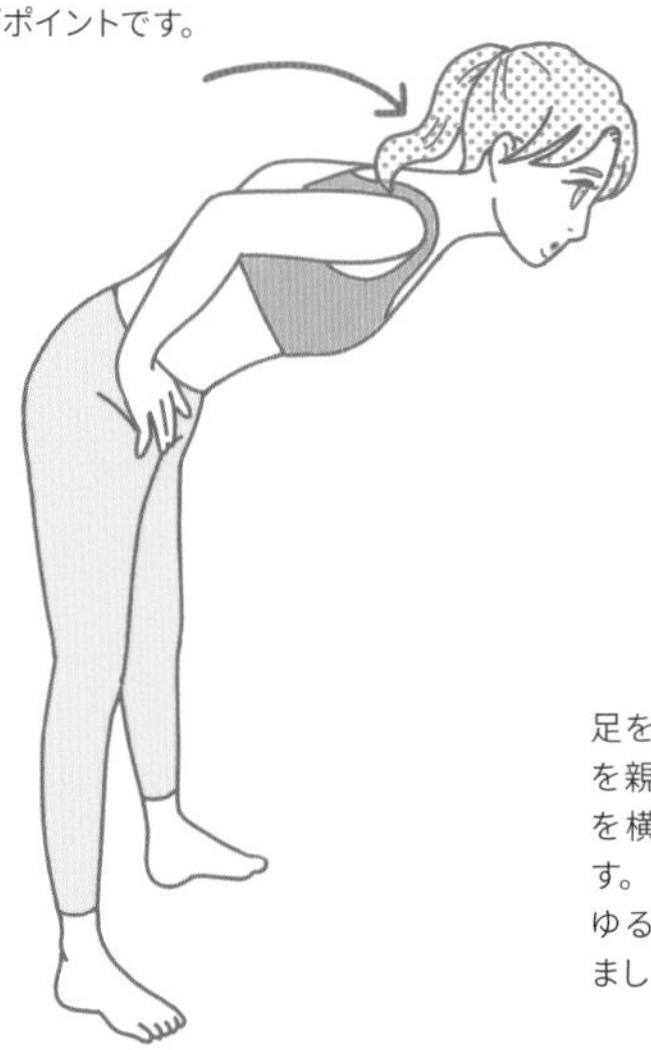

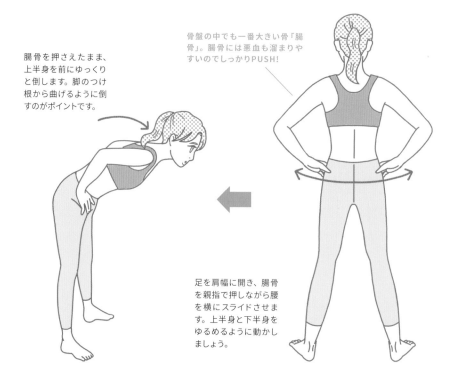

CHECK 4

つま先立ちができない人は

足指と足裏が弱っている

つま先立ちができないということは、足指と足裏が弱っている証拠！ 足の５本の指がしっかり使えるように、指のつけ根から伸ばし、動かせるようにします。そして身体を支え、バランスがとれるように足首を柔軟にすることも重要です。足の機能性を高め、安定した身体の土台を作るためにも、足裏の筋肉を刺激することが大切なのです。

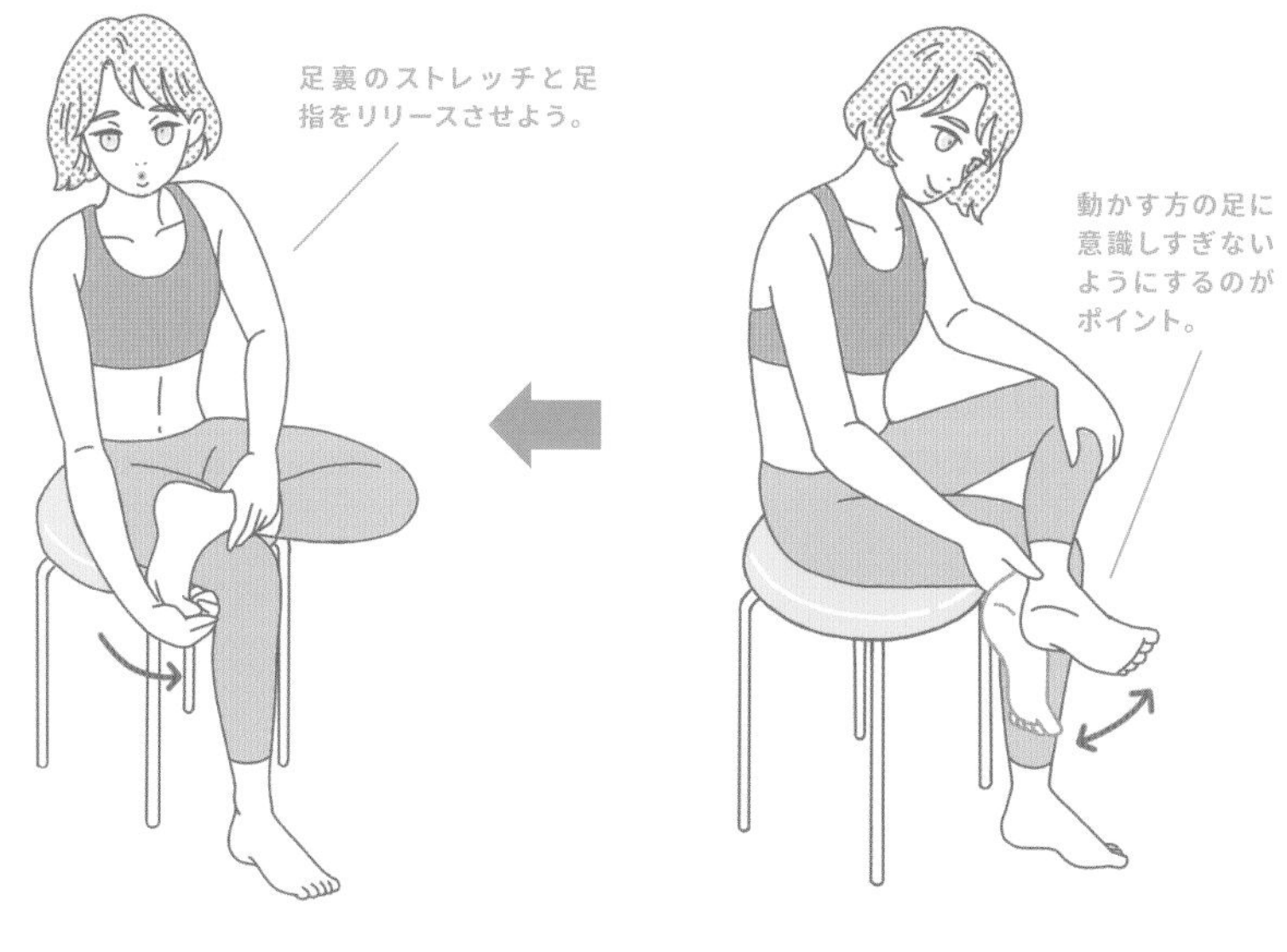
足裏のストレッチと足指をリリースさせよう。
動かす方の足に意識しすぎないようにするのがポイント。

足の指をつけ根からしっかりと曲げ、足裏を伸ばします。足裏の筋肉を伸ばすことで、ふくらはぎの筋肉にもアプローチすることができます。足の指のつけ根から曲げるのがポイントです。

アキレス腱を親指と人差し指で挟み、つま先を上下に動かします。足を上に動かす時には足裏全体をしっかり伸ばすように行い、下に動かす時には足の甲を伸ばすようにしましょう。

片足立ちができない人は

骨盤がゆがんでいる

片足で立てない人は骨盤がゆがみ、バランスがとりにくくなっています。骨盤のゆがみは、骨盤を支える筋肉が弱くなったり、硬くなったりすることで起こるため、その筋肉を伸ばし、骨盤の関節をゆるめてあげましょう。骨盤は5つの骨で形成されていて、この5つの骨をつなぐ関節と支える筋肉を整えることが大切なのです。

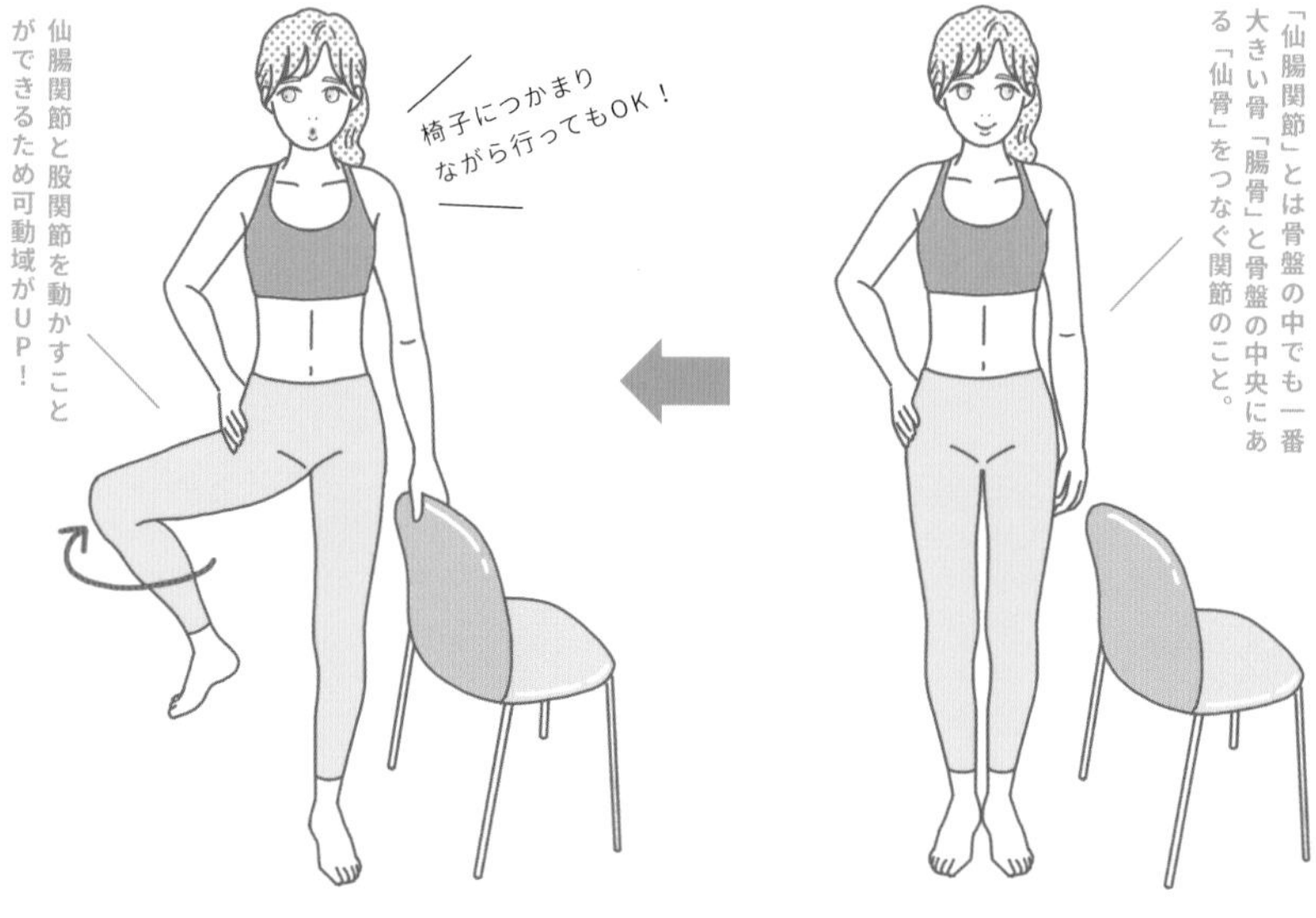
仙腸関節と股関節を動かすことができるため可動域がUP！
椅子につかまりながら行ってもOK！
「仙腸関節」とは骨盤の中でも一番大きい骨「腸骨」と骨盤の中央にある「仙骨」をつなぐ関節のこと。

親指で仙腸関節を押し、ひざを上げそのまま脚を横に開きます。ひざを曲げたまま前に戻し、脚を下ろします。この動きを数回繰り返すと、関節がゆるむのを感じることができます。

親指で腸骨を押し、片脚のひざを曲げ、脚を上げ下げします。上半身が前のめりにならないよう意識し、ひざを90度上げ、股関節の動きを感じながら動かします。

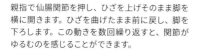

CHECK 6

腕が耳の横まで上がらない人は

肩甲骨が硬くなっている

腕を上げるとひじが曲がってしまう、無意識に腕に首を近づけてしまう、首が自然に前に出てしまうなど、動きが悪い人は肩甲骨《けんこうこつ》の硬さが原因。平行から約45度までは肩の関節で動かしていますが、それ以上動かす時は肩甲骨で動かしています。肋骨《ろっこつ》から肩甲骨をはがすようにすると、可動域がアップ！

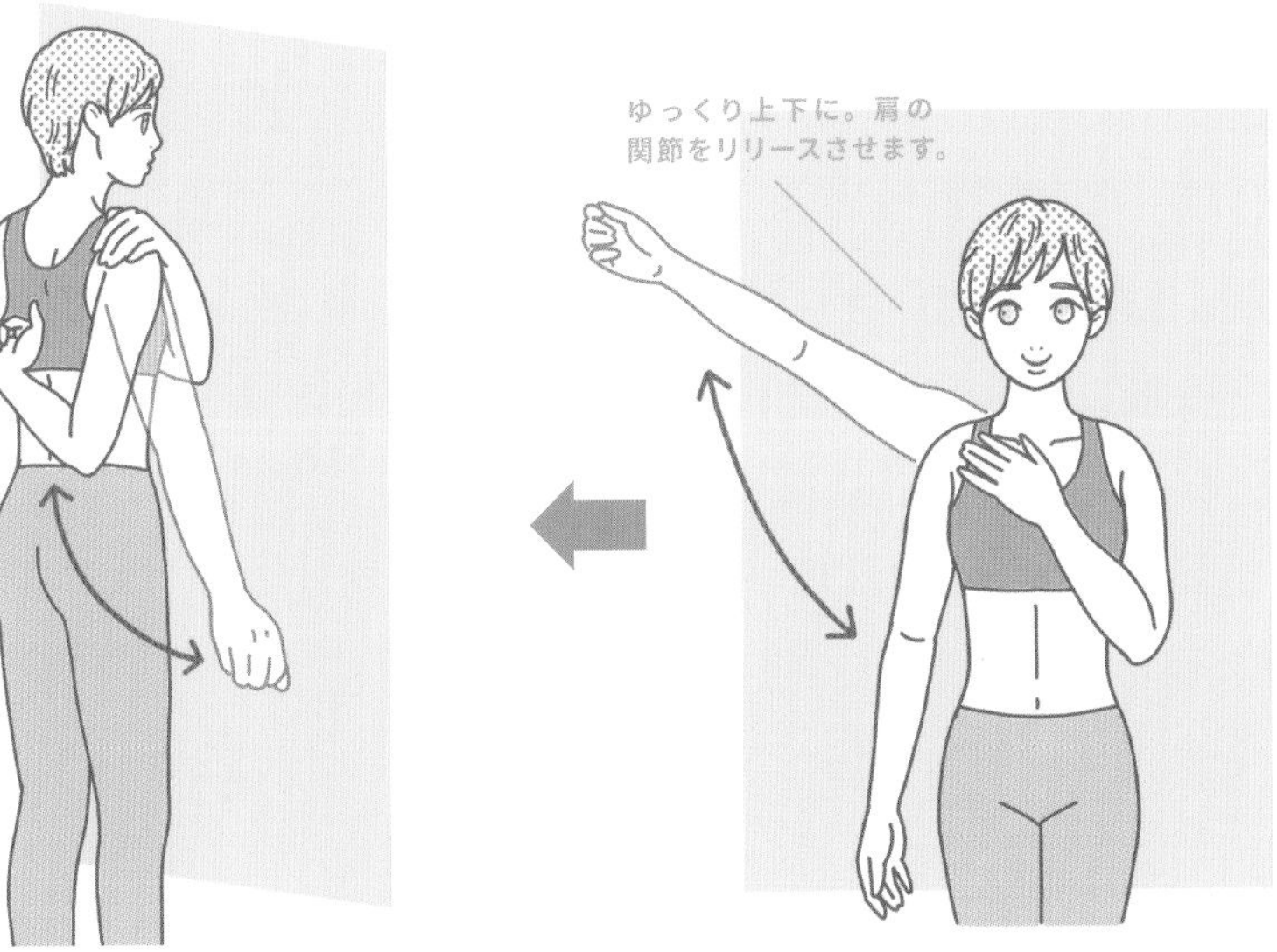
ゆっくり上下に。肩の
関節をリリースさせます。

肩甲骨の内側を片手で押し、もう一方の腕を背中側で曲げます。そのままひじを後ろに引き、腕のつけ根を支点に振り子のように動かします。肋骨から肩甲骨をはがすように大きく動かしましょう。

壁に背中をつけて立ち、腕のつけ根・鎖骨の先端の下を人差し指・中指・薬指で押します。押した部分を支点にし、腕を上下にゆっくり動かし、肩の関節をゆるめます。

手の指がしっかり開かない人は

指の関節が硬い

いつも丸まっている手をぎゅーっと大きく伸ばしてみましょう。指と指の間が硬くなっていませんか？ 指と指の間の「水かき」の部分が硬いということは、老廃物・毒素・疲労物質が溜まっています。すなわち指の関節にも溜まり、関節が硬くなっているのです。関節をやわらかくすることで指の動きがスムーズになり、末端の冷えも改善します。

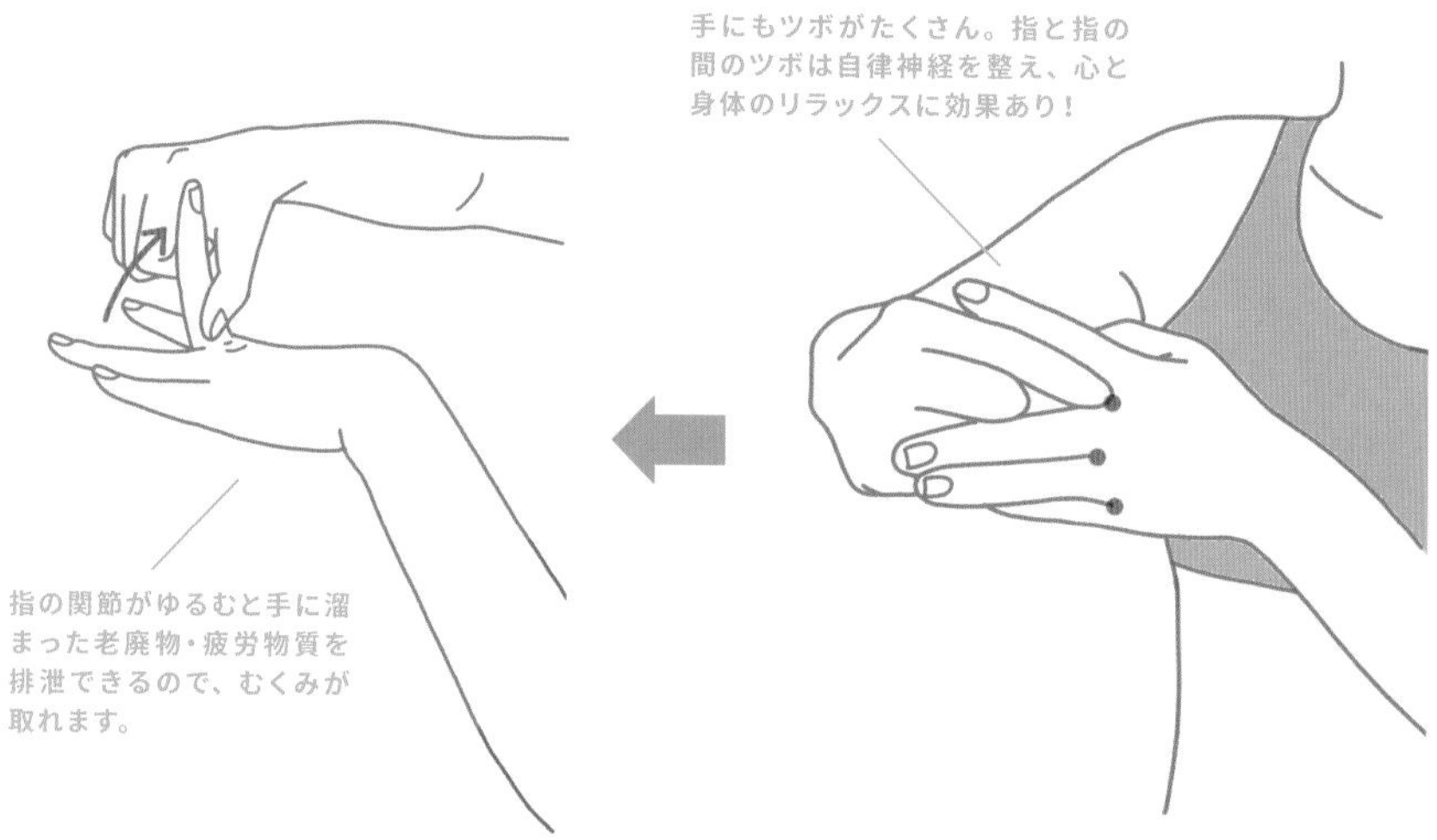
手にもツボがたくさん。指と指の間のツボは自律神経を整え、心と身体のリラックスに効果あり！
指の関節がゆるむと手に溜まった老廃物・疲労物質を排泄できるので、むくみが取れます。

指のつけ根を親指と人差し指で挟んで押し、指を1本1本ゆっくりと反らせます。指の関節が硬い場合は、指のつけ根を押さえながら、円を描くように動かしましょう。

指と指の間を親指と人差し指でつまみ、ていねいにゆるめていきます。指と指の間の「水かき」の部分がやわらかくなると、手がポカポカ温まります。ひとつひとつゆっくり行いましょう。

モンローウォークができない人は

骨盤が硬い

骨盤は5つの骨で成り立っています。そのうち一番大きな腸骨の動きを意識してみましょう。かかとを上げる足踏みで腸骨だけを上げられない人は、骨盤が固まっています。骨盤の動きの要となる「仙腸関節《せんちょうかんせつ》」をゆるめると、脚を動かしやすくなり、腰の負担も軽減できるはず。子宮が定位置に戻るため、生理痛の改善も期待できます。

お尻を突き出さないようにするのがポイントです。

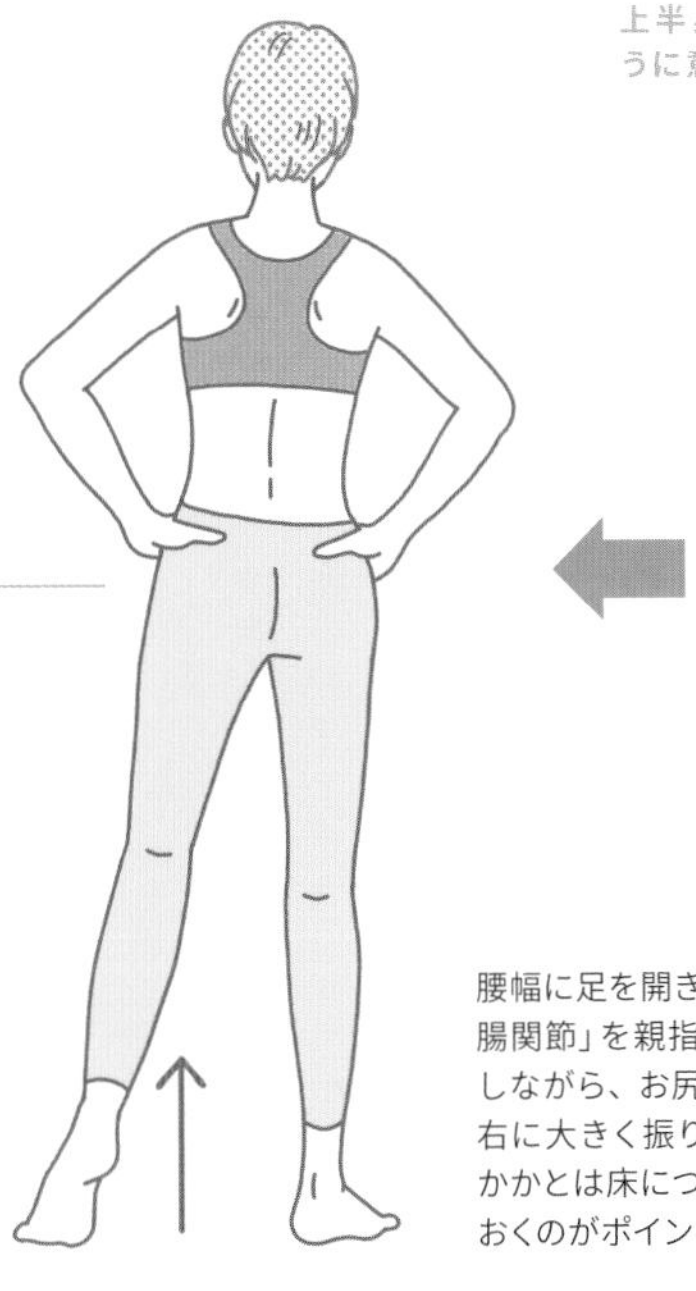

腰骨に手を置き、かかとを上げ、腸骨を真上に引き上げるように動かします。左右交互に5回足踏みしましょう。

上半身が傾かないように意識しましょう。

腰幅に足を開き、「仙腸関節」を親指で押しながら、お尻を左右に大きく振ります。かかとは床につけておくのがポイント。

くびれを作るにはまずはストレッチ

くびれを作るためには、腹筋をするよりも肋骨と骨盤の距離を作るように意識するのがポイント！ カラダの側面をストレッチして、肋骨と骨盤の距離を離しましょう。

{ method for "4-kubire" }

CHAPTER 3

“4つのくびれ”メソッド

2週間でやせ体質になる
久式16ポーズ

これだけしっかりやれば必ず「やせ体質」になれる16のポースを紹介。まずは毎日ゆっくり、ていねいに2週間続けてみて！ 身体の中からポカポカしたら効いている証拠。

久先生が実践！

“4つのくびれ”はカラダのやせスイッチのある場所

4つのくびれがなぜ「やせスイッチ」なのかは、
身体のメカニズムを知れば納得できるはず！
あなたはまずどの「やせスイッチ」を押しますか？
しっかり理解することで効果は倍増します。

SWITCH

2 ウエスト

ウエスト＝腰＝身体の要。上半身と下半身をつなぐ部分でもあり、内臓と密接な関係があります。さらにお腹には太い血管と大きな腹部リンパ節があるためケアすることで内臓の働きも良くなり、美容にも健康にも効果大！ 消化吸収が促進され、便秘の改善やくびれメイクも期待できます。

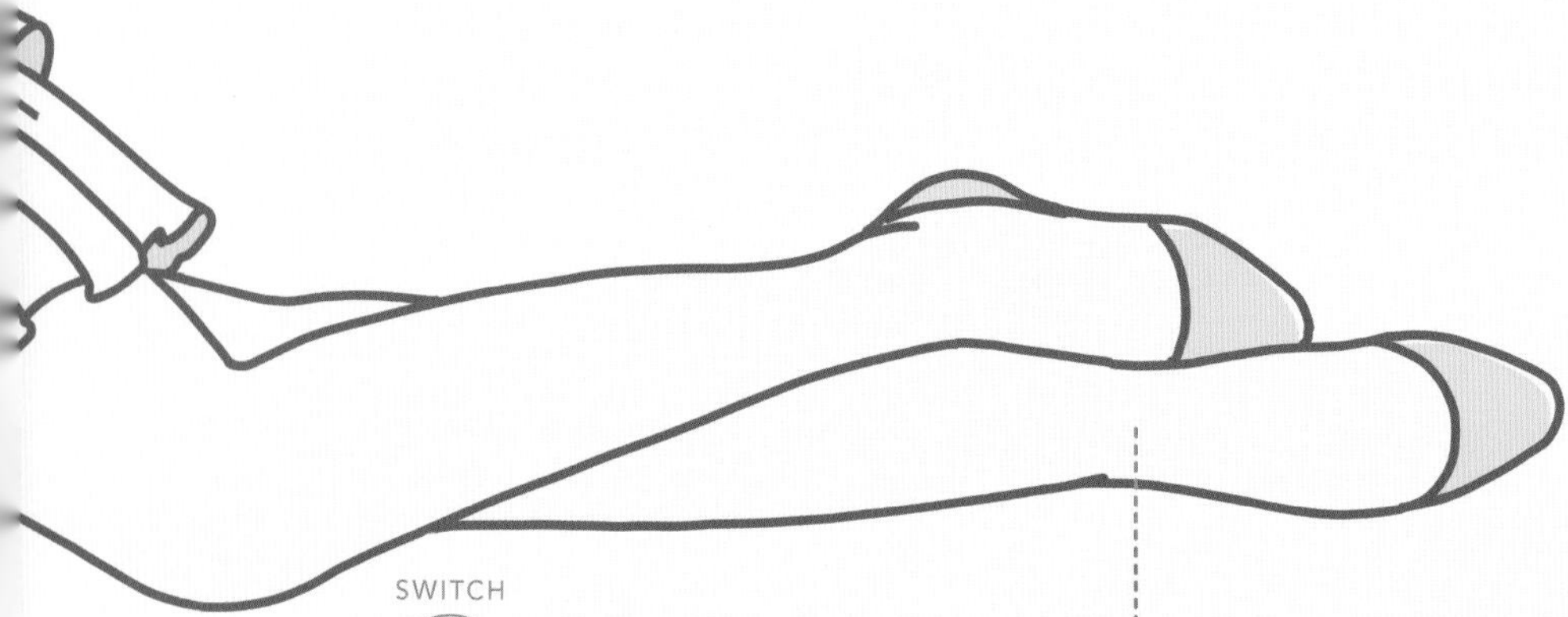

SWITCH

1 足首

足首は身体の土台である足をつなぐ、とても大切なパーツです。足は28個の骨で成り立っており、骨ひとつひとつをゆるめることで足の機能性を高めることができます。身体の土台が整うと全身のゆがみが改善できます。そればかりでなく、むくみも解消され、美脚になります。

SWITCH

4 首

首には深いリンパ節、浅いリンパ節が集中しています。そして太い血管もあるため「最強のデトックス・スイッチ」なのです。首がゴリゴリしている人は老廃物が溜まっている証拠！ 首にはたくさんの神経が通っているので優しくケアするのがポイント。

SWITCH

3 手首

普段あまり意識しない手首。足同様、手にもアーチがあり、手のひらがくぼんでいれば腕の筋肉はスムーズに動き、血液の流れが良くなり、肩コリなども緩和。手のひらが平らだとアーチがつぶれ、手首を通る血管や神経も圧迫され、血管や肩・腕の動きが悪くなります。

1日6分だけでOK
足首～首のトータルケアでやせる！
史上最高のカラダに

わたしが太っていた時のデニムはこんなにBig Size！「足首まわし」で手に入れたこのカラダ……ダイエットから約25年経った今でも「くびれケア」のおかげでキープしています。

2週間で理想のボディを手に入れる!

足首4ポーズ・ウエスト4ポーズ・手首4ポーズ・首4ポーズ。たった16ポーズでみるみる身体が変わる究極のセルフケアをご紹介します。

はじめは身体に変化のスイッチを入れるため足首から順番に! 慣れてきたら、やせたいパーツだけ行うのもOKです。

たったの16ポーズですが身体の中から効き、血液・リンパの流れはもちろん、身体のゆがみや筋肉の位置、ボディラインまで整えることができます。ちょっとした体質改善になるため、まずは3日間、鏡を見ながらひとつひとつのポーズをゆっくり、ていねいに行いましょう。きちんと動かせていると身体がポカポカし、じんわり汗をかくはず……もし身体がポカポカしてこなければ、どこかやり方が間違っています!

効果を出すためにはポーズが正しくできていることが大前提!

「身体はポカポカ、じんわり汗ばむ」を感じられるよう身体の動かし方をマスターしましょう。そうすれば2週間で必ず効果が出るはずです。

簡単なポーズなので、まずは各ポーズを覚えましょう。覚えてしまえば、スキマ時間にいつでもどこでも気軽にできちゃいます。

足首は美脚になりたい人も、もちろんやせたい人にもマストなポーズ

1 足を腰幅に開き、片足のかかとを上げる

足を腰幅に開き、両手を肩の高さにキープします。そのまま片足のかかとを上げ、つま先立ちします。脚の側面がぐっと上がり、お尻も片側だけアップ。

足の裏をしっかり伸ばし、腰をグッと引き上げましょう。

2 かかとは上げたまま、ひざを前に倒す

腕の高さをキープしたまま、つま先立ちしている方の脚のひざをゆっくり前に倒します。そのまま重心をかけながらひざを曲げ、バランスをとりましょう。

上半身が前に倒れないように姿勢をキープしましょう。

このステップは

2 minute

両脚左右60秒ずつ
馴れてきたら30秒ずつでOK

足首のゆがみは全身のゆがみにつながるのを
知っていますか？ まずは身体の土台である
「足の関節」を伸ばして、正しい位置に戻しましょう。

3 上半身を前に倒して、脚のつけ根を刺激

かかとを上げたまま、両手で脚のつけ根をしっかり押しながら上半身を倒します。重心をかけながら、さらに足のつけ根を刺激します。

4 ひざを曲げ、脚全体をしっかり伸ばす

つま先立ちしていた脚を曲げ、かかとをお尻に引き寄せます。その時のポイントは、足の甲を手のひらで包み、太ももの前をしっかりと伸ばすこと。

バランスがとれない時には
壁や椅子につかまって。

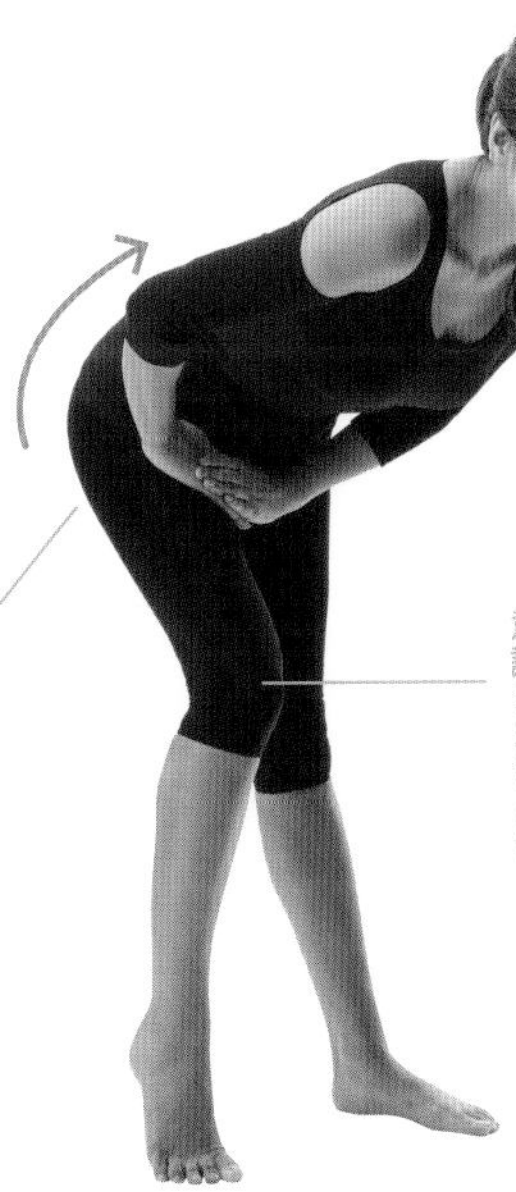
ひざは正面を向くように
意識しましょう。
脚のつけ根にある
鼠径リンパをPUSH！

ウエストのくびれを手に入れたい人はこまめにやりたいポーズ

5 腰幅に足を開き、ウエストを親指でPUSH

親指をウエストの一番くびれている部分に当てます。ひじを引き、親指をグッと奥までしっかり入れ、押しましょう。

姿勢を正し、胸を張るようにすると深部までしっかり刺激できます。

6 足を一歩後ろに引いて、両脚クロス

片足を後ろに一歩引き、脚をクロスさせます。クロスさせることで、お腹に力が入り、親指がより奥に入ります。

脚をクロスさせることで上半身が引き上げられよりウエストがシェイプされます。

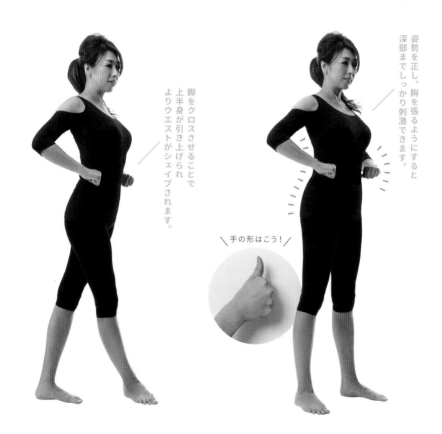

このステップは

2 minute

足を組み替えて左右60秒ずつ
馴れてきたら45秒ずつでOK

お腹を動かすと太い血管やリンパ節が刺激され、
代謝アップ！ それればかりでなく
内臓の働きが良くなり、やせ力がつきます。

7

第二関節を腰に当て、上半身を反らせる

両手の指の第二関節を腰の後ろに当て、上半身を反らせます。頭を後ろに倒しながら、ゆっくり上半身を反らせましょう。

腰にグッと刺激を与えていくイメージで反ります。

8

第二関節をウエストに当て、上半身を倒す

ウエストの一番くびれている部分に両手の第二関節を当て、上半身を倒します。反動を使わず、ゆっくり倒しましょう。

両脚の後ろ、ヒップまでストレッチしましょう。

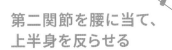

手首のケアで肩コリ改善！
手首と肩関節の連動でコリ撃退ポーズ

9

つま先立ちで、腕を上に伸ばす

足を腰幅に開き、つま先立ちをし、手を真上に上げます。お腹から身体をしっかり伸ばし、思い切り背伸びしましょう。

腕は耳の横につけるようなイメージで！

10

手首をまわしながらゆっくり腕を下ろす

手の指をしっかり開き、胸を張ります。手首を大きくていねいにまわしながら、腕をゆっくりと下ろします。

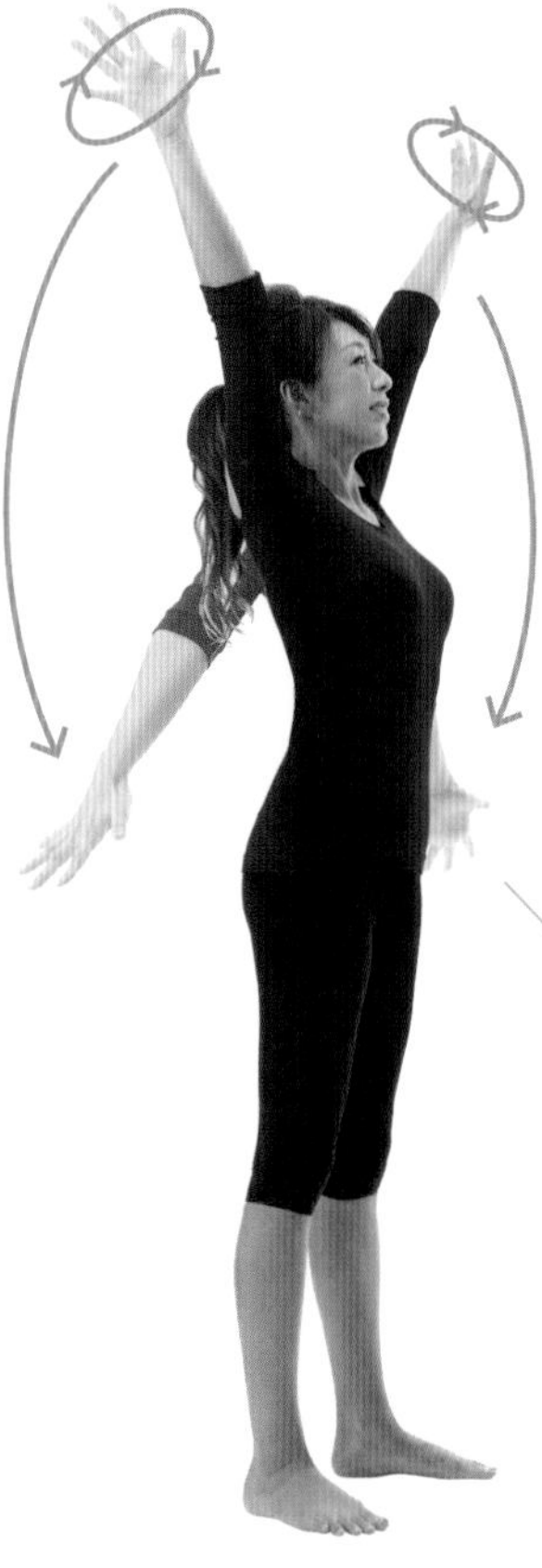

手首の動きを意識しながら行いましょう。

このステップは

1 minute

ゆっくりていねいに60秒
慣れてきたら30秒でもOK

足首同様に、ゆがみが生じやすい「手首」。
手首や手の指には老廃物や疲労物質が隠れているので
動かすと意外と痛いかもしれません。

11 両手を組んで、指から腕までストレッチ

両手をしっかり組み、指のつけ根を刺激します。そのまま手のひらを外に向け、くるっと返して、伸ばします。

手の組み方
肩甲骨から腕全体を
動かすイメージで！

12 胸の前で手首を∞まわし左右5回

両手を胸の前で組み、手首を∞の形に動かします。両手の手のひらが離れないようにしっかり手を組みましょう。

手の組み方
ひじをしめ、
身体の横におくのがポイント！

首のストレッチで巡るカラダに！小顔効果もあるデトックスポーズ

13 頭の後ろで手を組み、首を前に倒す

後頭部で手を組み、自重を使って頭を前にゆっくり倒します。鼻でゆっくり呼吸をしながら10秒カウントします。

14 側頭部に手のひらを当て、首筋を伸ばす

側頭部に手のひらを当てて、頭を真横にゆっくり倒します。鼻でゆっくり呼吸をし、10秒カウントします。

目線はお腹を覗き込むようにしましょう。

肩の先端と引っ張り合うようなイメージで行うとより効果UP！

首のストレッチは3方向に動かすのがポイント。
7つの骨をゆるませ、肩と引っ張り合うように
ゆっくり動かしましょう。

このステップは

1 minute +10 seconds

下向きストレッチ10秒と
左右3方向を10秒ずつ

15

首筋の後ろ側をゆっくりストレッチ

目線を斜め前に落として、首の後ろ側をゆっくり伸ばします。鼻でゆっくり呼吸をし、10秒カウントします。

肩甲骨まで伸ばすのがポイント。

16

首筋の前側をゆっくりストレッチ

目線を斜め上に上げて、首の前側をゆっくり伸ばします。鼻でゆっくり呼吸をし、10秒カウントします。

久式16ポーズ Q&A

2週間で必ずやせ体質になるためのポイントをお教えします。
あまり難しく考えず、ひとつひとつをていねいに行うことが一番大切です。

Q. 16ポーズのセルフケア、1日のうち一番効果のある時間帯はいつですか？

A. 効果が高いのは、朝起きてから朝食をとるまでの時間です。その日の代謝が決まる大切な時間帯に身体を動かすことで効率よく体にスイッチを入れることができます。

Q. くびれ効果を早く出すには16ポーズに加えて、こんなことをしたらいいというアドバイスはありますか？

A. 4つの首（くびれ）は、温めることが大切です。くびれを作るためには、とにかくやわらかくすることと、冷やさないことが重要です。

Q. 身体が硬いので、できない動きがありそうです。飛ばしながらやっても良いですか？

A. 身体が硬くてもできるようなポーズばかりです。難しい動きも飛ばさず、無理のない範囲で、ていねいに行いましょう。

Q. ゆっくりやるのと、速くやるのとでは効果は違いますか？

A. エクササイズではないので、ていねいにゆっくりやった方が確実に身体は変わります。速くやる必要はなく、あくまでひとつひとつの動きで身体のクセを取り、機能性を高めることが大切です。

Q. **自分が気になるくびれのパーツだけを行うのでもいいのでしょうか？**

A. まず、2週間は16ポーズを通しで行ってください。2週間過ぎ、動きに慣れたら、気になるパーツだけを集中して行うのもOKです。とはいえ、1週間に1回でもいいので16ポーズを通しで行うと効果が持続し、身体のクセが改善されます。

Q. **パーツ別のみ集中して行う際の注意点は？**

A. 各パーツ別に4ポーズに分けています。やりにくい部分を繰り返し行うのはOKですが、その部分だけ繰り返し行うのでは効果が出にくくなります。4つのポーズをひとつの流れとして行ってください。組み合わせることで、より効果的になります。

Q. **ポーズの前にやるべきこと、後にやるべきことはありますか？**

A. 16ポーズの前にやることはボディチェック。自分の身体を鏡に映し、ゆがみをチェックします（→P.74）。16ポーズの後には、しっかり水分をとること。そして関節の可動域が広がったかどうかを確認することを忘れないで！

Q. **くびれは体重に反映されますか？**

A. わたしのメソッドでは体重よりもシルエット重視です。体重を減らすことよりもボディラインを整え、美しくすることが大前提です。くびれができるとむくみや冷えがなくなり、自然に体重が減っていることもあります。

4つのくびれ

やせスイッチの入れ方と嬉しい効果

ANKLE

〜足首〜 まわすだけで身体が整い代謝ＵＰ！

オススメなのは、足首まわし。本当にそれだけ？といつも言われますが、だまされたつもりでやってみて！しかも結果は足首がやわらかくなるだけではなく、全身のスタイルがぐんと良くなります。

なぜかというと、足首をまわすと身体の土台である足の骨がゆるみ、正しい位置に戻ります。すると、ひざ関節・股関節・骨盤・背骨も整い、身体全体のゆがみが改善するのです。ゆがみが改善するだけではなく、リンパや血液の流れを促進することができるので新陳代謝もアップ！つまり、やせ体質になるのです。足首まわしのやり方は、腰掛けたら、片足をひざにのせ、足指を開いて一本一本指をつまんで引っ張り、足指をまわします。そして足の指の間に手の指を入れてしっかり組んでから、足首を大きくまわすこと。しっかりまわせていれば、巡りが良くなりトイレに行く回数が自ずと増えるはず。

WAIST
～ウエスト～ 鼻呼吸するだけでくびれも免疫力も！

呼吸を意識していますか？ 呼吸というと思い浮かぶのは「胸式呼吸」「腹式呼吸」かもしれませんが、今回意識していただきたい呼吸とは、「鼻呼吸」と「口呼吸」です。読んで字のごとく、「口」でする呼吸と「鼻」でする呼吸なのですが、なんとウエストのくびれを作ってくれるのは「鼻呼吸」なんです。

鼻から息を吸って、鼻から息を吐きます。

鼻から息を吸うと背骨が伸びる感じがしませんか？ そして息を吐く時に、身体の中の空気を吐き切るようにするとお腹全体が引き締まり、ウエストが細くなるだけでなく、下っ腹に力が入り凹んでいるのがわかると思います。気がついた時、意識的に鼻呼吸をするだけで、ウエストのくびれは作られるのです。そしてウエストのくびれができるだけでなく、免疫力をアップさせることもできるんです。

WRIST

～手首～ 指と指の間を刺激することでデトックス

手首って案外、酷使しているんです！ 手首をデトックスする方法、それはまず、親指と人差し指のつけ根のツボ「合谷《ごうこく》」↓指と指の間↓親指のつけ根↓手首の順に押し、ゆっくりゆるめていきます。「合谷」は万能ツボと言われ、身体機能を高め、顔のトラブルにもよく効くとされるツボなんです。そして指と指の間は老廃物が隠れている部分でもありますので、指の腹を使ってしっかり刺激しましょう。その後、親指のつけ根を押すことで手全体の関節がゆるみやすくなります。最後に手首をゆるめることで手全体はもちろん、腕にも血液やリンパの流れるスイッチを入れることができます。手、腕の血液やリンパの流れがよくなることで、首にも血液が運ばれますから、頭もすっきりクリアになり、小顔になります。わたしが一番驚いたのは、この手首のデトックスで指の長さが長くなったこと。手の関節に溜まった老廃物が排泄されて、サイズが合わなくて諦めていた指輪がするりと入ったのです。

NECK

～首～ 耳ケアだけで小顔になって疲れ目もスッキリ

首は脳を支えているとても重要な部分。首の血流を保つこと、リンパの流れを保つことは脳の働きを活性化させるのはもちろん、顔の老廃物や毒素、水分などが排泄されやすくなることにつながります。首のケアは、あご↓耳下腺↓胸鎖乳突筋（耳の下から首筋に走る太い筋肉）↓鎖骨の順に、血流とリンパの流れを巡らせるイメージで刺激していくのですが、わたしは、耳の周辺も徹底的にマーク！というのも、毒素や老廃物が溜まりやすく、リンパ管が集中している場所だからです。耳のまわりにはホルモンや視神経などの反射区があり、おでこと頭皮の境目は眼精疲労の解消に効果があります。耳の上から生え際を押したり、耳たぶを横や下に引っ張ったり、耳のつけ根から蓋をするように耳を前に倒してつけ根をまんべんなく押します。そうすることで眼球を支えている筋肉がゆるみ、血流が促進され、視野が明るくもなるのです。巡りを実感できる耳デトックスはやせスイッチのひとつ！

顔やせと身体やせが別物なワケ
顔を小さくしたいのなら、あご・耳まわりのリンパを流すべき。首のリンパが滞ると老廃物が排泄できず顔に停滞します。それが顔のむくみとして表面に現れているんです。リンパを流す首ケアで小顔になれます。

{ method for "4-kubire" }

CHAPTER 4

くびれケアにプラス 久式パーツやせ メソッド

くびれが手に入ったら、気になるパーツが増えるはず！ サロンでも実践している1回だけでも効果のあるテクニックを大公開。やればやるほど、みるみる磨きのかかるメソッドです。

小顔になると背が高く見え、全身のバランスが良くなる！

PICK UP
PARTS 1

顔

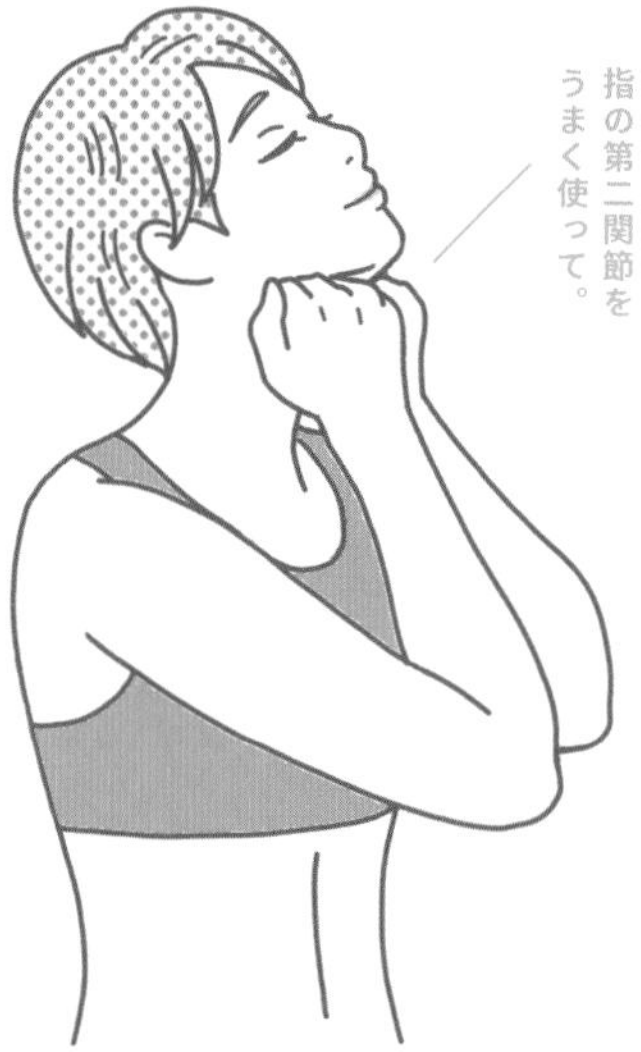
指の第二関節を
うまく使って。

①

あごのリンパ節をググッと開く

両手の指の第二関節であごの下を押し上げます。あごには大きなリンパ節があるので、しっかり刺激しましょう。二重あごの解消にもGOOD。

反対側のあごも同様に！

②

フェイスラインの骨を挟み撃ち

人差し指と中指の第二関節であごの骨を挟み、骨に沿って押しながら耳の方へとスライドさせます。骨のまわりに溜まった老廃物を掻き出すイメージです。

小顔はみんなの憧れ！　でも、ダイエットしても生まれ持った顔の大きさは変わらない……と思っている人も多いのでは？　実は小顔になるためには、あごや耳のまわりのケアが必須です。なぜならそこには、深いリンパ節・浅いリンパ節がともに集中しているから。顔のマッサージをするなら、それだけで終わらせるのはもったいない！　顔のケアをしたら耳のまわりや首にあるリンパを上から下に押し流し、鎖骨に流し入れましょう。鎖骨リンパ節をしっかり押し開き、顔に溜まった老廃物を流しきることが大切です。

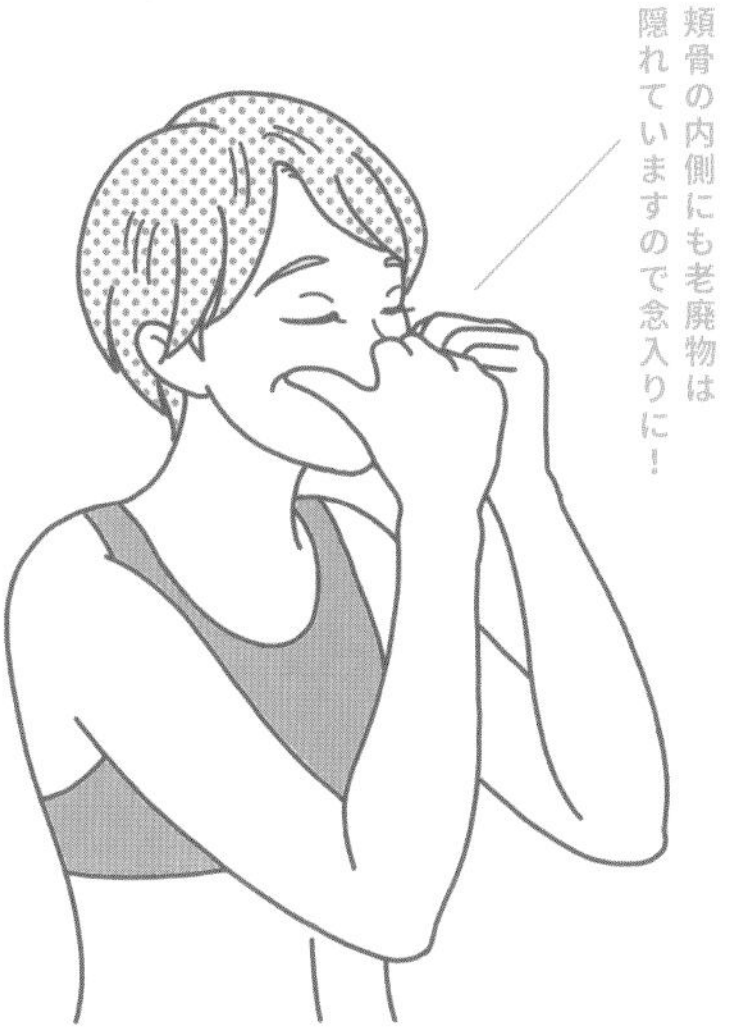
頬骨の内側にも老廃物は
隠れていますので念入りに！

3

頬骨ケアは小顔になるポイント

頬骨を親指の腹で押し上げます。小鼻の横から頬骨に沿って外側に向かって押し上げながら、ほぐしていきます。

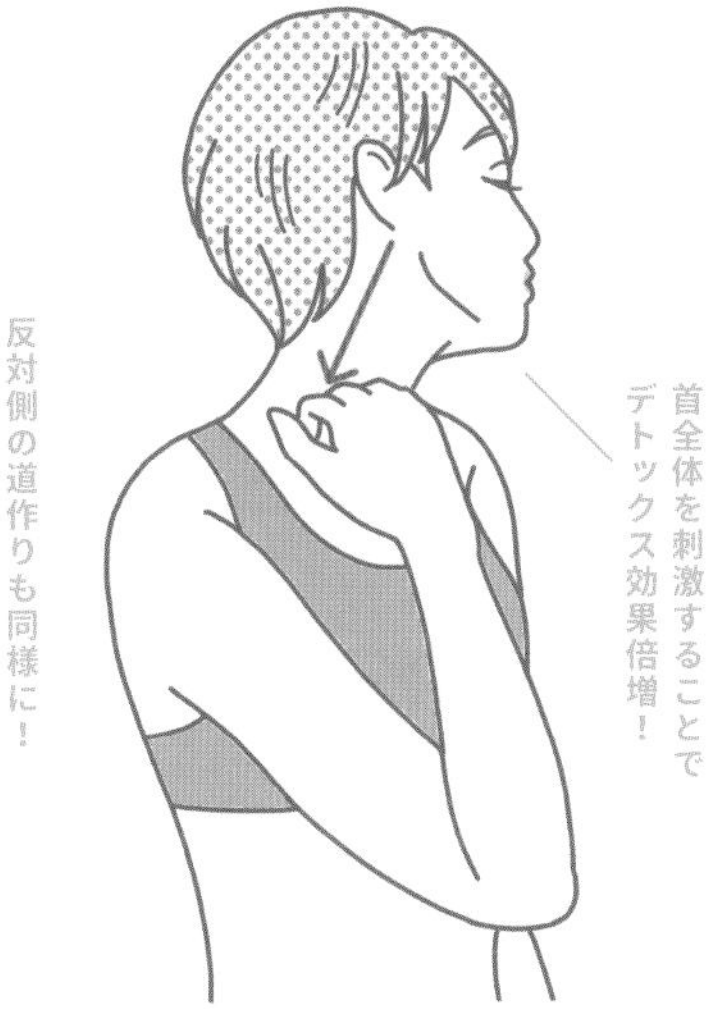
首全体を刺激することで
デトックス効果倍増！
反対側の道作りも同様に！

4

耳の下から鎖骨に向かって道を作る

第二関節の凹凸を使って耳の下から鎖骨までを刺激します。上から流れる道を作るように押しながら、スライドさせます。

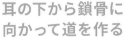

ひざの上のむくみを取ると脚長効果大！

PICK UP
PARTS 2

ひざ

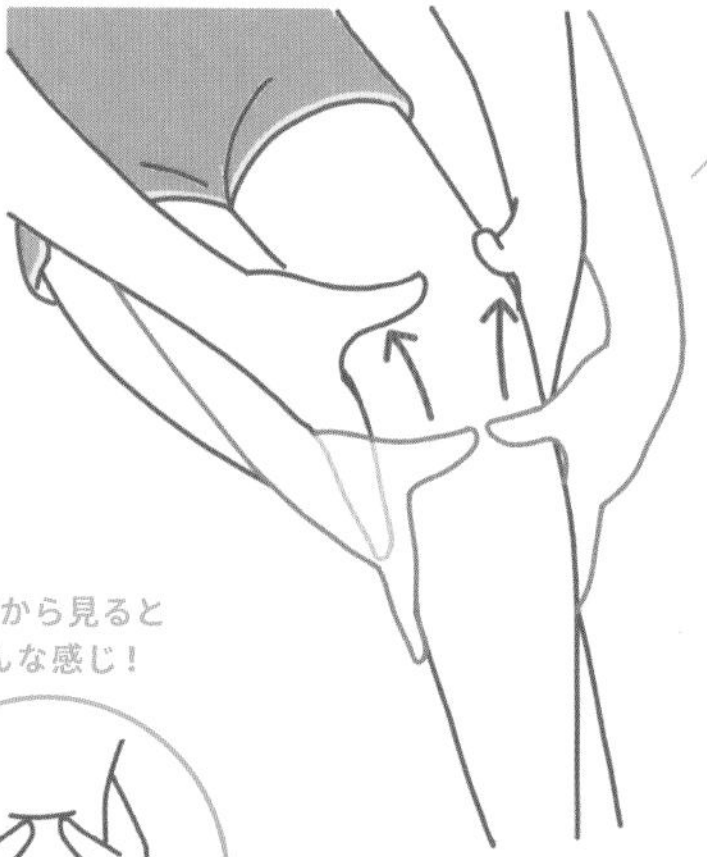
親指をスライドさせて。

①

ひざの骨のまわりをほぐそう

ひざの骨（膝蓋骨《しつがいこつ》）のまわりに溜まった老廃物を親指の腹を使って、ていねいにほぐしていきます。

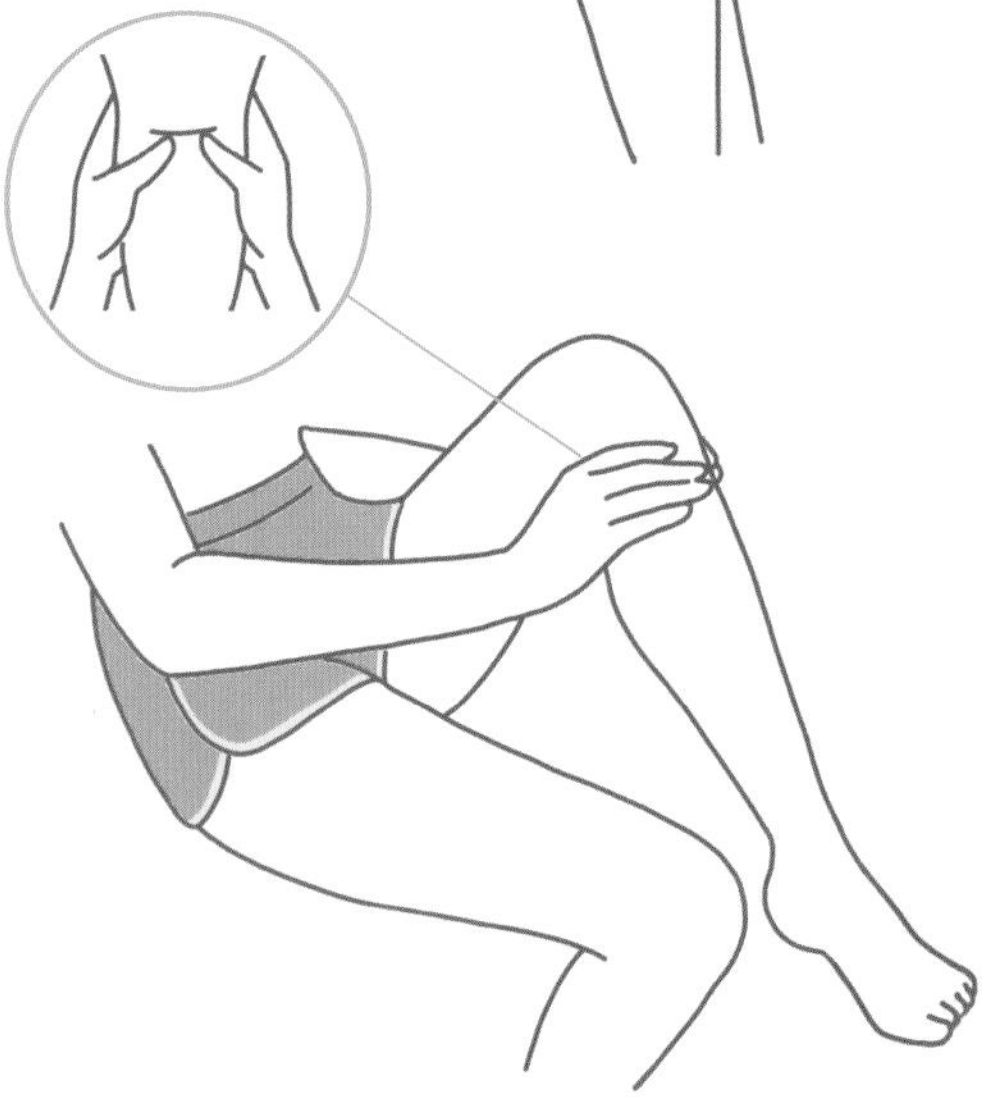
裏側から見ると
こんな感じ！

②

ひざ裏のリンパをこじ開ける

ひざ裏のリンパ節（膝窩《しっか》リンパ節）をグッと奥まで押し、詰まったリンパ節を開くよう刺激します。

ひざまわりって気がついたら贅肉に埋もれて、ひざ小僧がなくなっているってこと、多いですよね。その原因は、ひざの上のむくみなんです。骨のまわりに老廃物が溜まり、歩く時にひざの骨（膝蓋骨）が動きにくく、ひざ小僧が埋もれてしまうのです。ひざの上をすっきりさせるにはリンパマッサージが効果的。ひざの裏には膝窩リンパ節があるため即効性があるんです。ひざがすっきりすると脚にメリハリがつき、脚長効果がUP。歩く時にしっかりとひざを曲げ伸ばしできるようになると、脚のラインも自然と整って美脚になります。

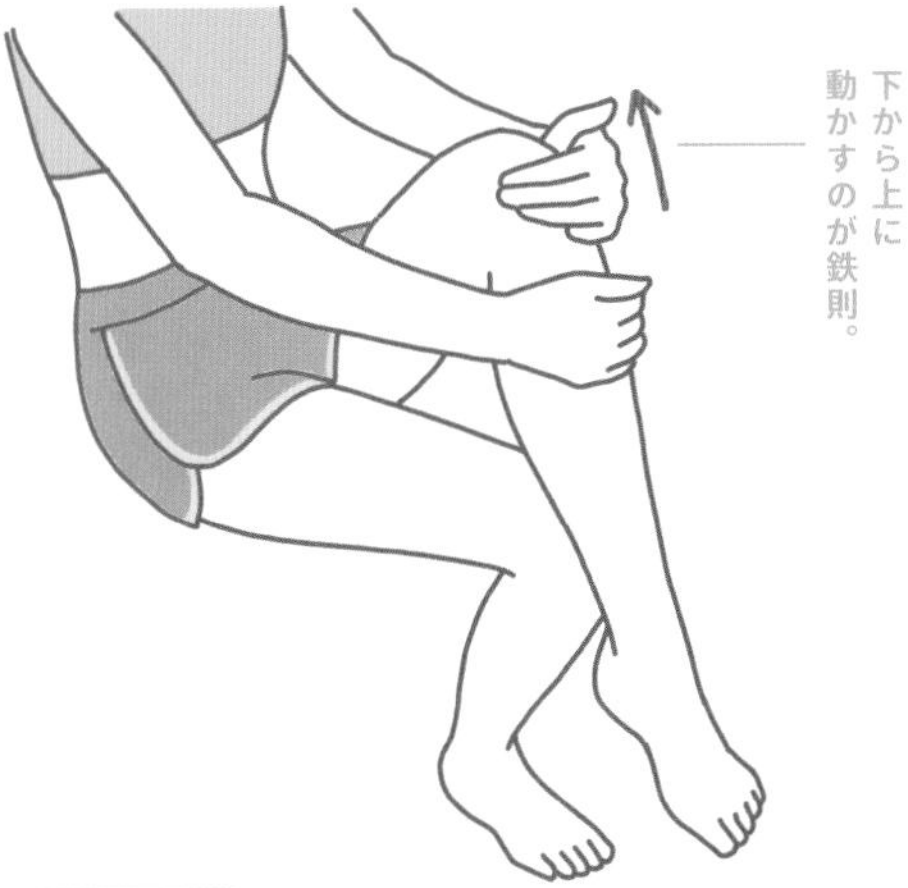
下から上に
動かすのが鉄則。

3

溜まった
老廃物を集める

両手のひらで老廃物を集めるように、足首からひざの上までしっかりとさすり上げます。

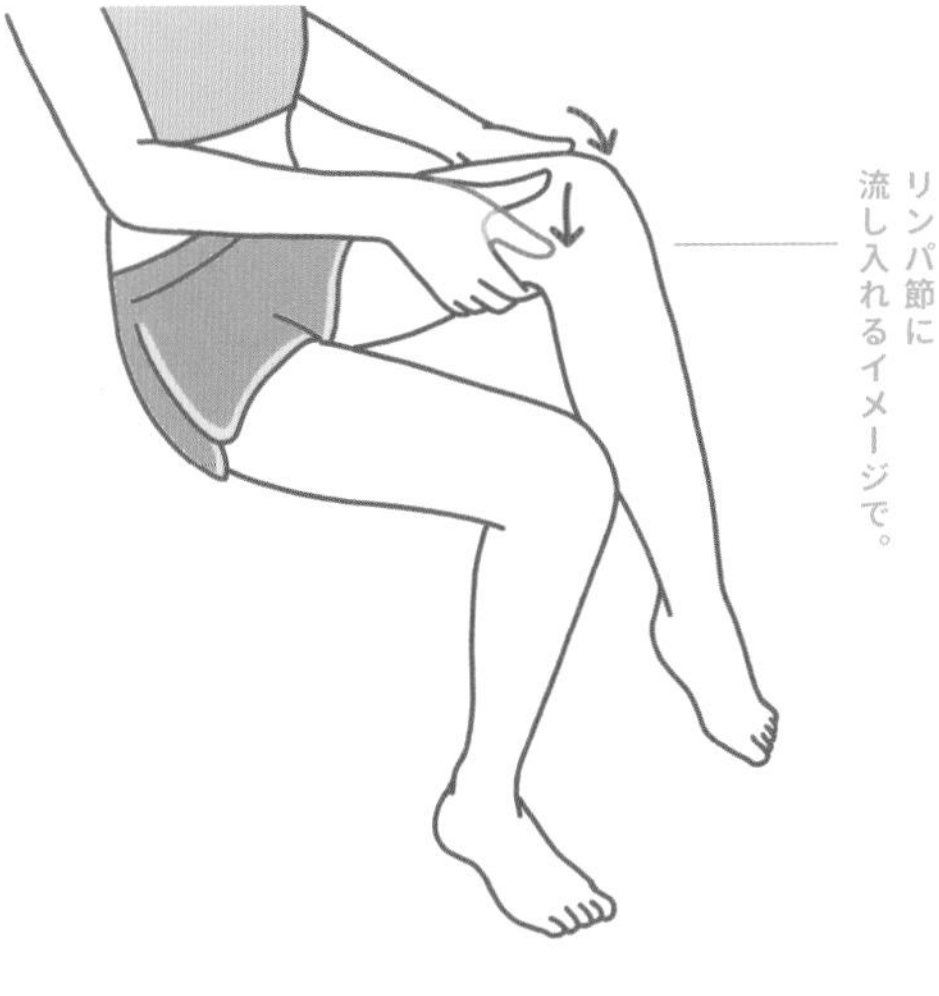
リンパ節に
流し入れるイメージで。

4

ひざまわりを
仕上げる

ひざまわりに集めた老廃物を、親指全体を使ってひざ裏のリンパ節にしっかり流しましょう。

二の腕と同時にバストアップもできちゃう嬉しいケア

PICK UP
PARTS 3

二の腕

リンパ節はさわるとゴリゴリ痛みのあるところ。

①

脇の下リンパ節を探そう

腕を上げ、脇の下のリンパ節を探り、握った手の第二関節でリンパ節をまんべんなく刺激します。

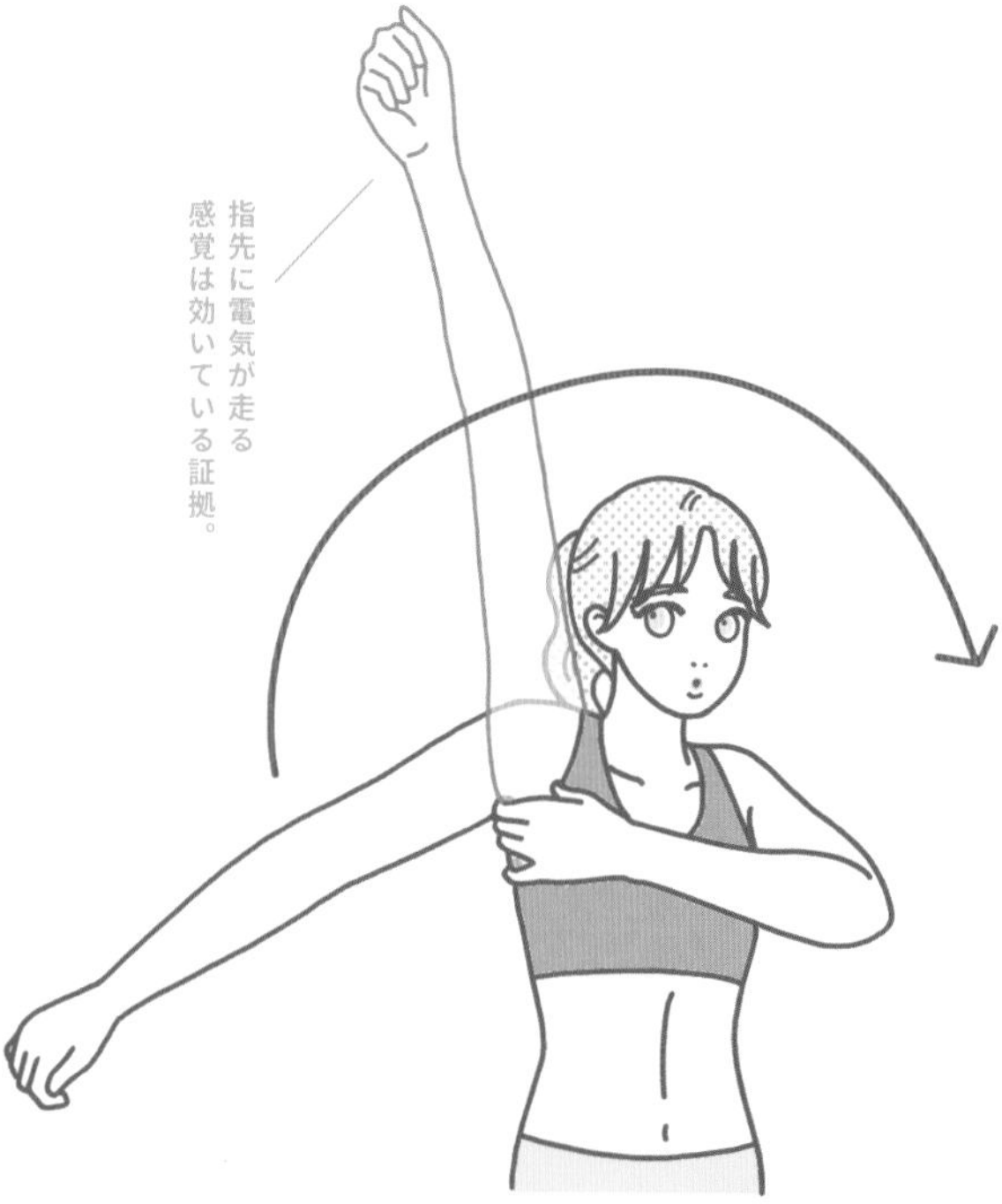
指先に電気が走る感覚は効いている証拠。

②

もっと奥まで開くコツ

親指を脇の下に当て、つかみながら腕を大きくまわしましょう。指が奥までグッと入るように腕をまわします。

二の腕の「振袖」どうにかしたいですよね。だんだんと歳を重ねるごとに成長する二の腕……。悩んでいるかたも多いのでは。二の腕を細くしたい人は、脇の下のリンパ節（腋窩リンパ節）とひじのリンパ節をセットケアするのがオススメ。知らない人も多いと思いますが、ひじの内側には深いリンパ節があるんです。脇の下のリンパ節と同時にケアすることで、手を含む腕全体をすっきりさせることができます。ひじの関節の間に指を入れて、リンパ節をしっかり開き、肩から指先までの血液＆リンパを一気に流しましょう。

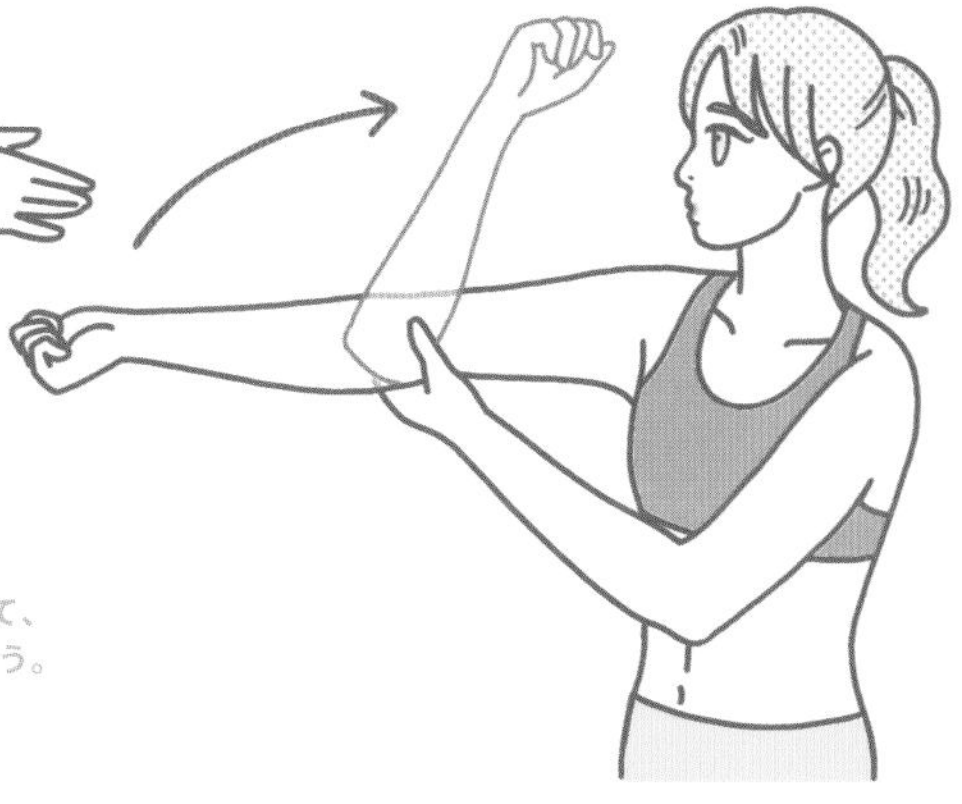

3

ひじのリンパ節をグッと開く

ひじの内側にあるリンパ節を親指で押し、ひじから先を上下に動かします。腕が温かくなってきたらOK！

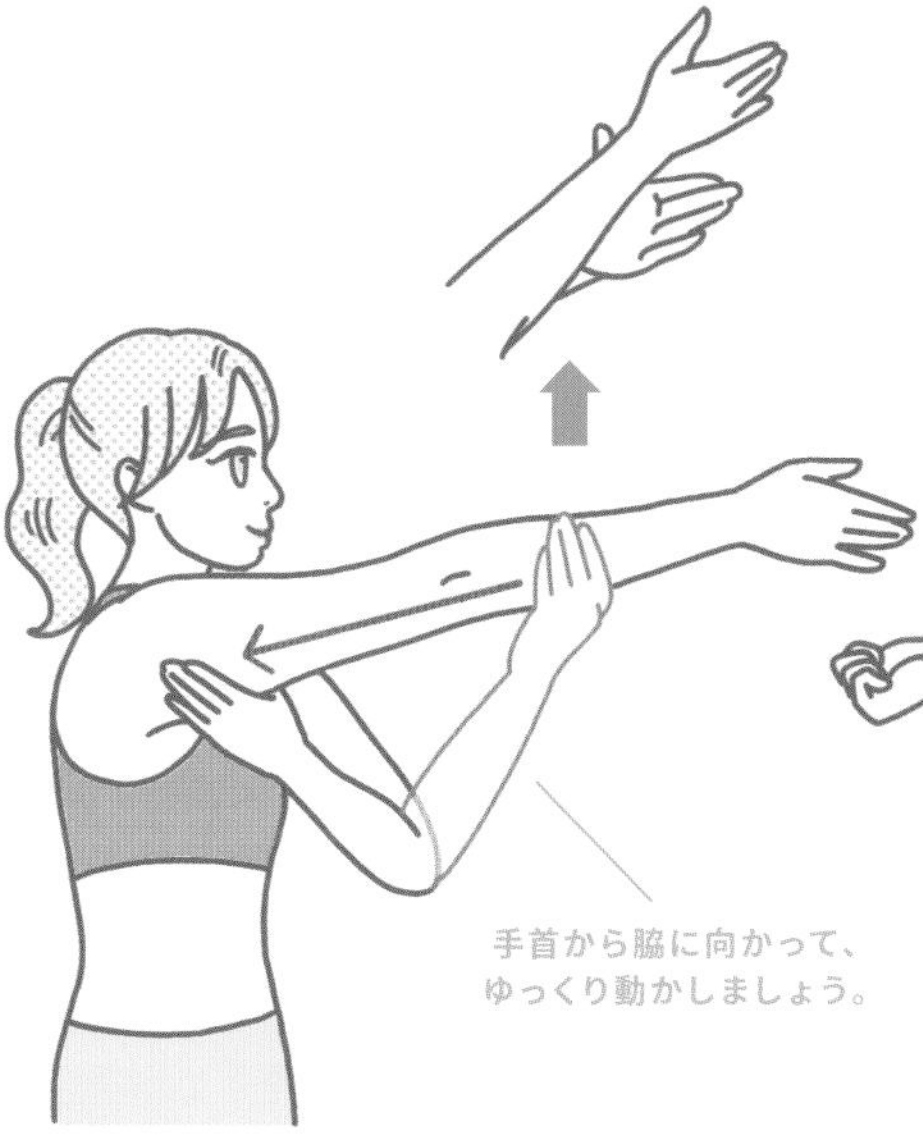
手首から脇に向かって、
ゆっくり動かしましょう。

4

腕の老廃物は脇の下へ……

手のひらで腕を包み込み、腕に溜まった老廃物や疲労物質を集めながら脇の下のリンパ節に流します。

バストもふっくら蘇る！　肩コリ解消にも効果あり

PICK UP
PARTS 4

背中

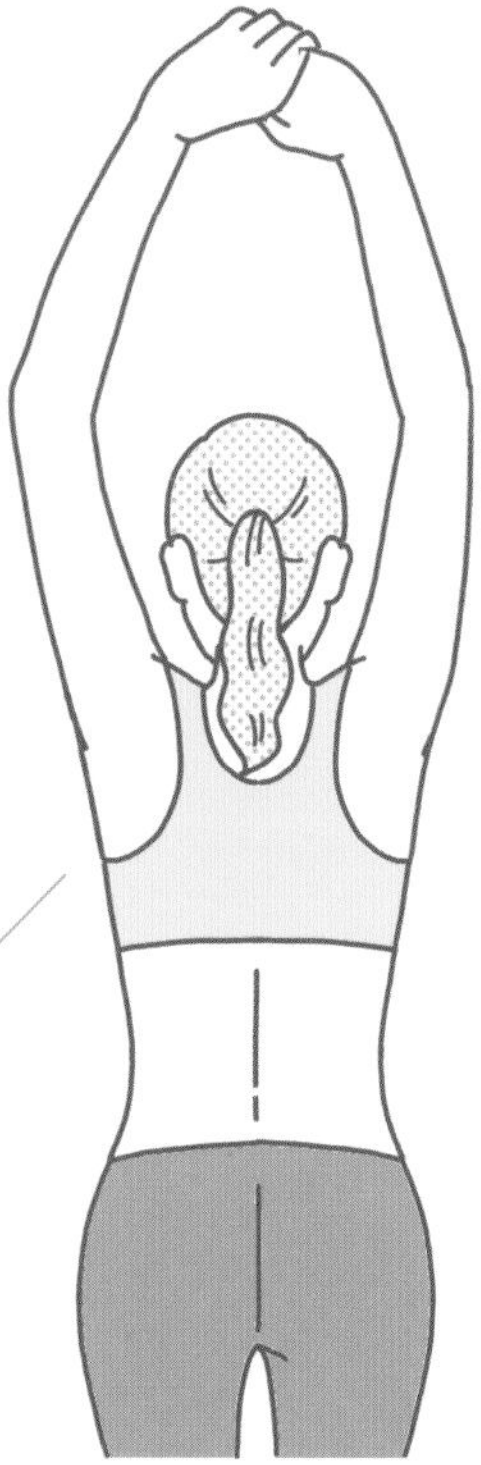
背骨がしっかり伸びるように意識しましょう。

1

カラダを真上に伸ばす

両手を上げ、あばら骨を引き上げるようなイメージで、お腹からしっかりと伸ばします。呼吸は鼻呼吸でゆっくりと！

骨に沿って指を前へ前へと動かす。

2

肋骨の間の筋肉をゆるめる

あばら骨に沿って指を当てて背中から掻き出すように指を動かします。老廃物を排泄し、あばらの筋肉をゆるめましょう。

背中って普段チェックしないパーツですが気がついたら、ハミ肉が！　なんてこと、結構あるんです。そして年齢の出やすいパーツでもあります。
背中をケアすると、背中に流れた胸のお肉がバストに戻り、バストもふっくら！　脇の下のたるみも撃退できてしまうのですから、やらない手はありません。
このケアはウエストや脇の下、肩まわりをスッキリさせる効果もありますので、血流が良くなるお風呂でのケアにオススメです。肩コリの解消にもなるので、ボディクリームを塗る時などに行うとより効果的です。

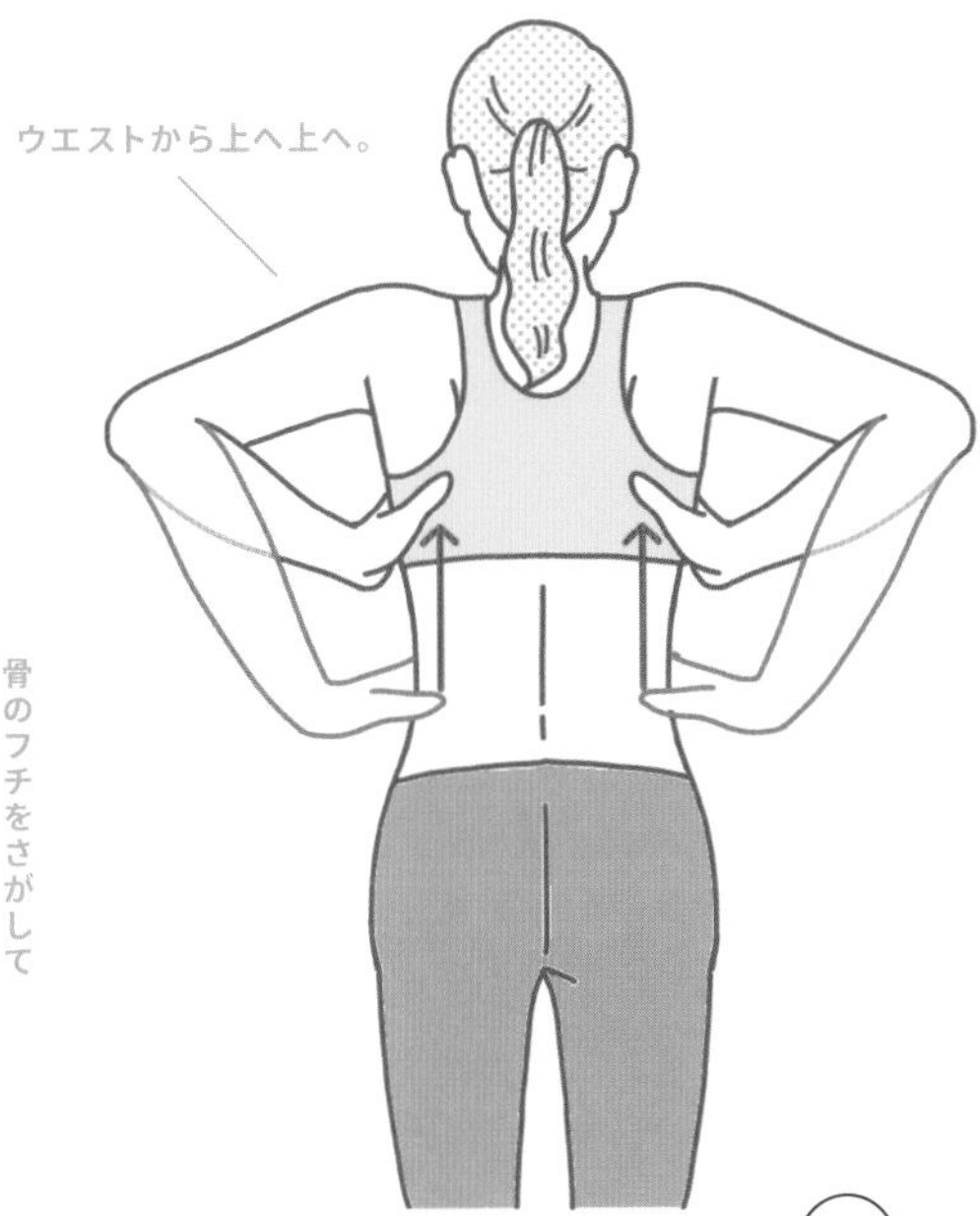
ウエストから上へ上へ。

3

身体の側面はしっかりケア

手のひらを身体の側面にしっかりと当てて、ウエストから脇の下に向かって老廃物や贅肉を掻き集めながら動かします。

骨のフチをさがして
グッと刺激。

4

肩甲骨を動かし代謝アップ

背骨と肩甲骨の間に人差し指、中指、薬指を置き、肩甲骨から首のつけ根まで骨のフチを刺激します。

ウエストは脚の一部。脚のケアにも連動させることで美脚に！

PICK UP
PARTS 5

ウエスト

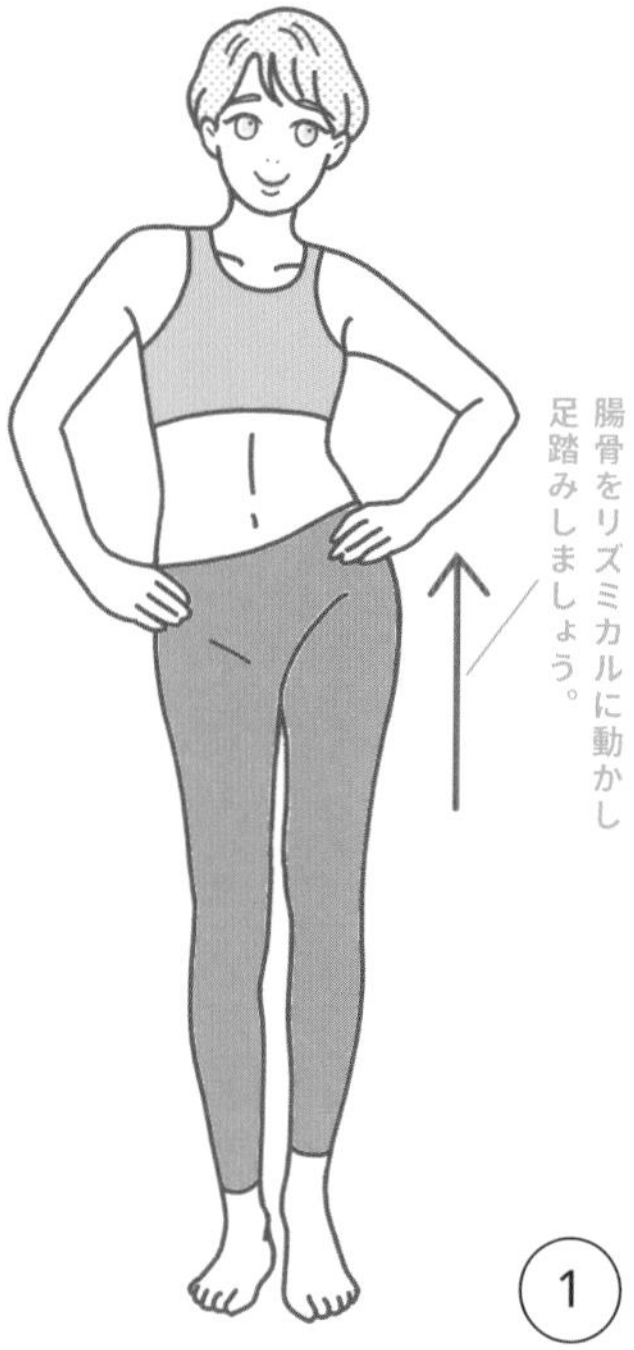
腸骨をリズミカルに動かし
足踏みしましょう。

1

モンローウォークで骨盤ゆるめ

腰に手を当て腸骨を真上に引き上げます。かかとを上げ、つま先で床を押し上げるようにするとカンタンです。

できるだけ
左右のひざがつくように。

2

ひざを内側に入れてタヒチアンダンス

腰に手を当て、腰を落とし、左右のひざをすり合わせます。お尻を後ろにつき出すとひざがつきやすくなります。

ウエストのくびれは、この4つの動きで簡単に手に入れることができます。ウエストのくびれができると脚全体のむくみがとれ、なんと脚長効果も期待できるんです。それはくびれメイクでお腹にあるリンパや太い血管に深くアプローチしているからです。太い血管を刺激することで血流が促進され、冷えも改善。内臓の働きも良くなります。さらには腸骨を動かすことで骨盤のゆがみも改善し、脚のラインが整います。

ウエストは脚の一部ですので、連動した動きでケアすると、とても効果的なのです。

3

ウエストの横を両手でつまむ

ウエストの横にある筋を探り、親指と人差し指で筋を引き離すようなイメージでしっかりつまみます。

4

リンパ節を押しながら脚のつけ根から前傾

お腹にある腹部リンパ節に指を置き、そのまま上半身を90度倒して奥までじっくり刺激します。

足首を整えると全身のゆがみが改善するんです！

PICK UP
PARTS 6

足首

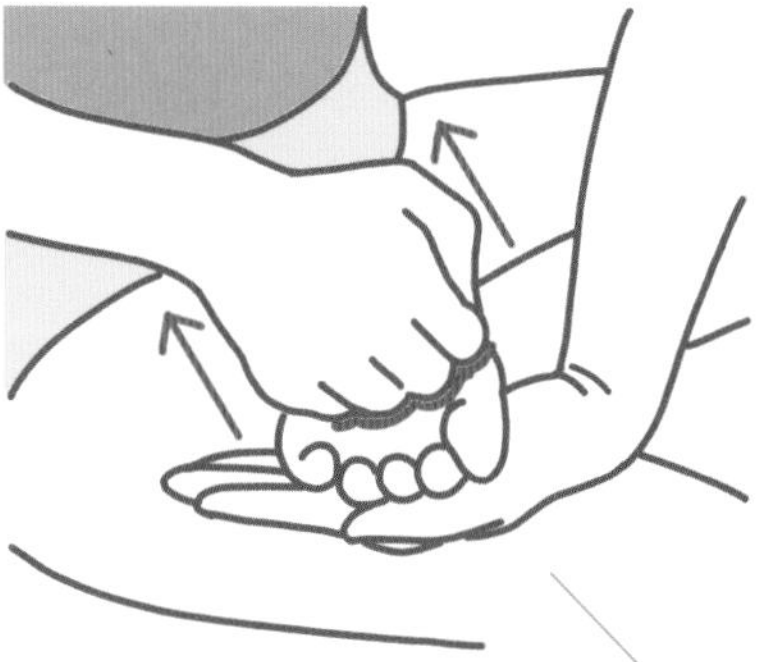

思い切りパンチ！
手の指の第二関節の凹凸を活用。

①

足裏に溜まった老廃物にアプローチ

手の指の第二関節で足裏の指のつけ根を押し、ゆるめます。足の裏をまんべんなく刺激し、老廃物を排泄しやすくします。

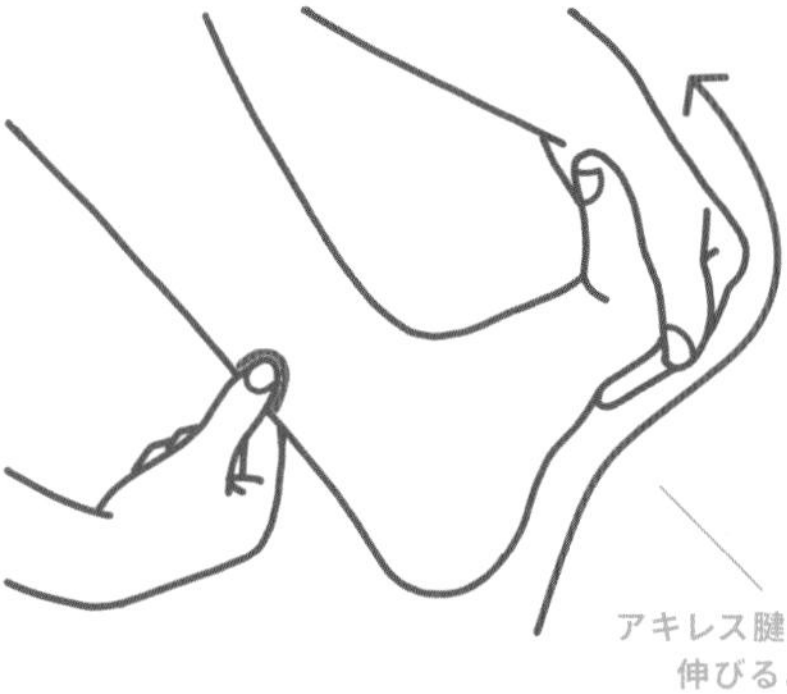

アキレス腱から足裏が
伸びるように。

②

足指をグイッと曲げてストレッチ

人差し指と親指でアキレス腱を挟み、足の指を手前に曲げ、足裏とアキレス腱が連動するように伸ばします。

わたしのメソッドで一番大事なパーツ「足首」。足は身体の土台ですからしっかりケアすることで全身に良い効果があります。足には、重力の影響で老廃物や毒素が溜まりやすく、心臓から離れているため血流が悪くなりがちです。足にある28個の骨をしっかりゆるめ、足の裏の筋肉「足底筋」を刺激すると足の機能性がアップします。

さらに足指がしっかり使えるように足の指1本1本をゆるめると、歩く時に地面をしっかり蹴ることができるようになるため、脚の筋肉をまんべんなく使うので美脚になるんです。

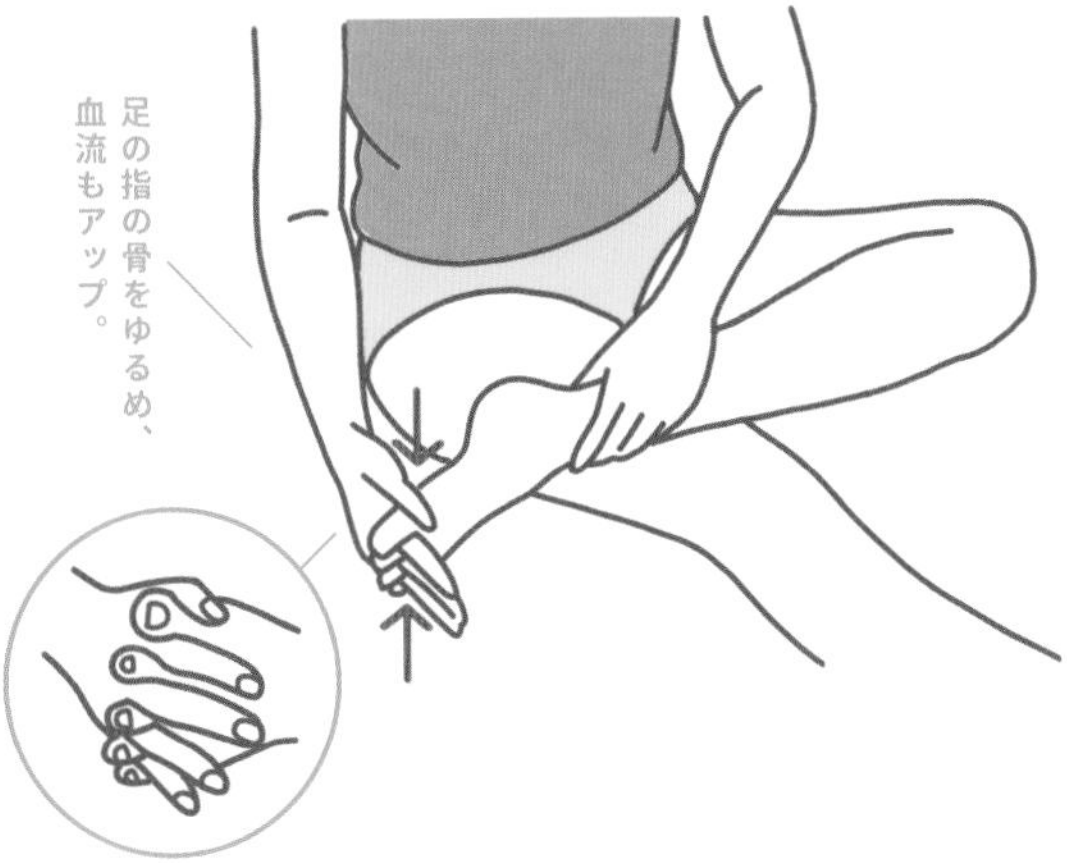
足の指の骨をゆるめ、血流もアップ。

③ 足の指と指の間を広げて血流アップ

足の指と指の間に手の指をしっかり入れ、指と指をしっかり広げるのがポイント。足の指のつけ根を刺激します。

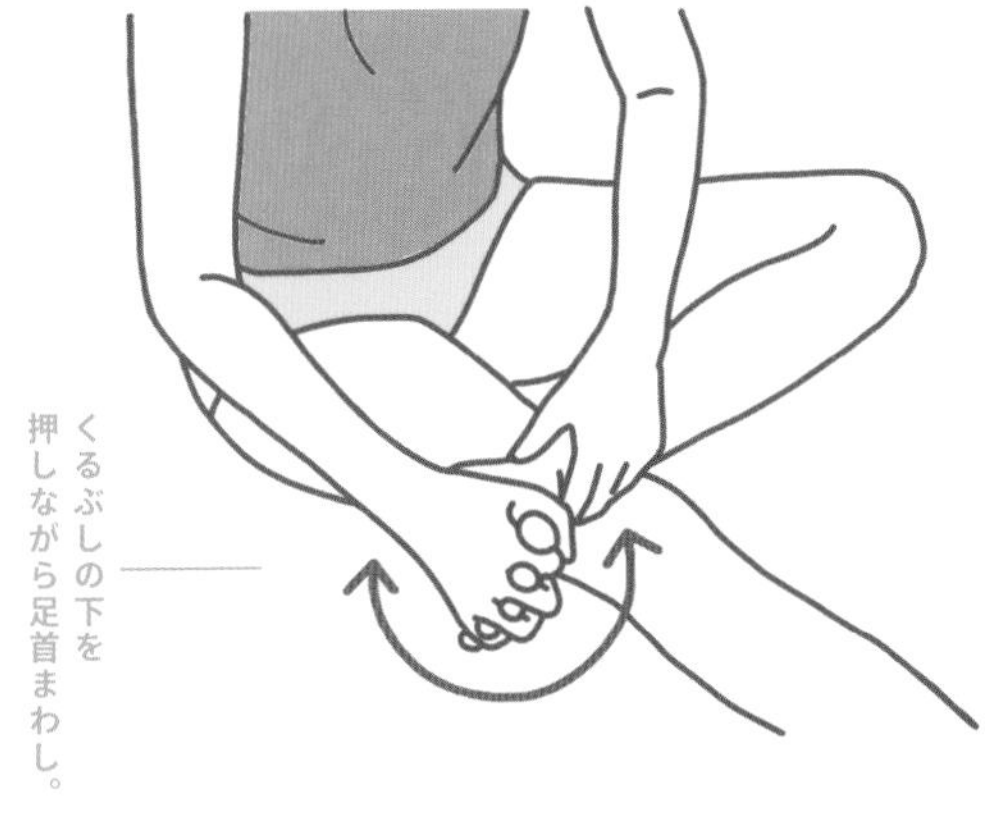
くるぶしの下を押しながら足首まわし。

④ 手の指を足の指の間に入れて大きくまわす

足の指と指の間に手の指を入れたままくるぶしの下を押さえ、足の親指で大きな円を描くように足首をまわします。

まっすぐな脚！　ラインのきれいな脚！　美脚を手に入れる！

PICK UP
PARTS 7

脚

つま先までしっかり伸ばします。

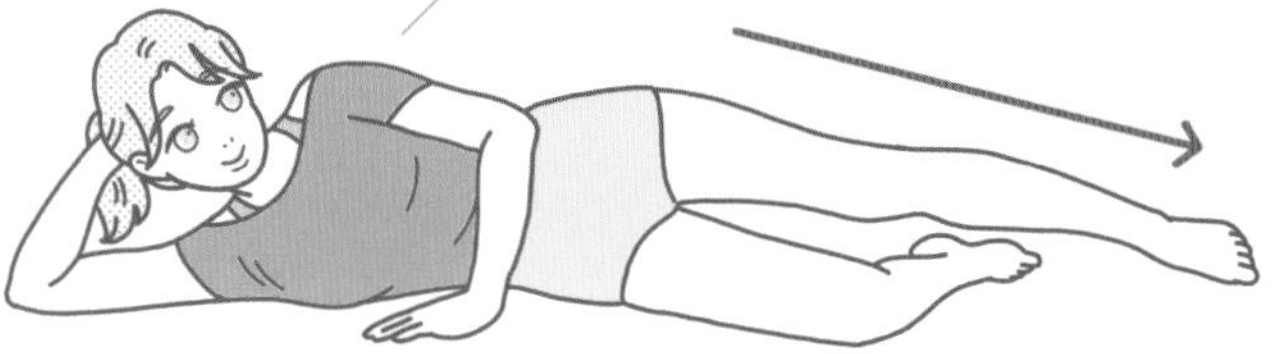

①

脚をまっすぐ伸ばしてストレッチ

頭は右手で支え、横向きになります。右脚を90度に曲げ、左脚をまっすぐ伸ばします。左手は身体の前に置きバランスをとりましょう。

脚をウエストから長く長く伸ばすイメージで。

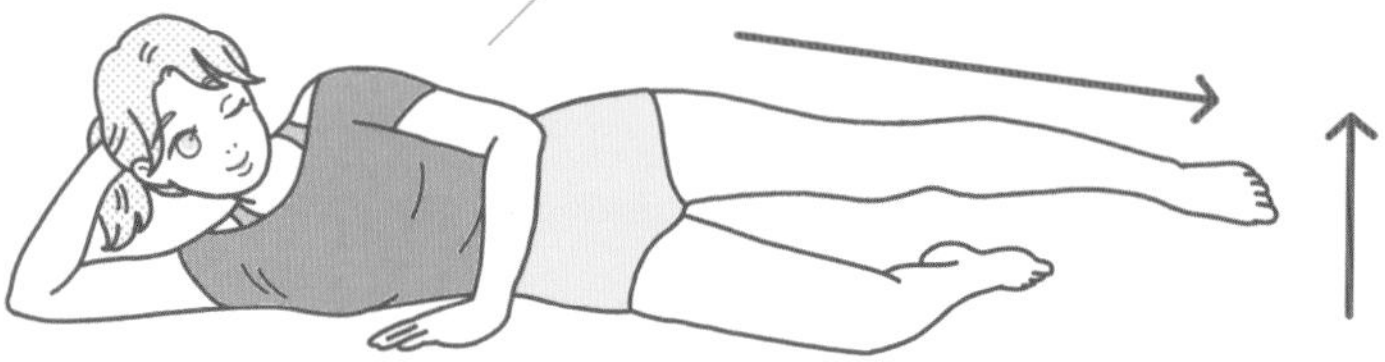

②

伸ばした脚を浮かせて筋力アップ

横向きになったまま、脚をまっすぐに伸ばし、床と並行になるように浮かせます。つま先までしっかり伸ばすのがポイントです。

脚の形は生まれつきだから変わらない、と思っている人が多いのですが、それは間違いです。本来、脚はウエスト位置までが「脚」で、脚のつけ根からつま先まで連動して動かなければいけないのです。つまり股関節、ひざ関節、足首が連動できてこそ正しい動きができるのです。正しい動きができるようになると、筋肉は本来あるべき位置に戻り、バランス良く使うことができるため脚のラインも整います。そのためには、つま先からウエストまでをしっかり連動させる意識が大切です。正しく動かせるようになると自然と美脚に！

90度をめざして
グイッと伸ばします。

3

浮かせた脚を真上に上げてバランス

左脚をつま先までしっかり伸ばしたまま、まっすぐ脚を上げます。姿勢が崩れないようにキープ。

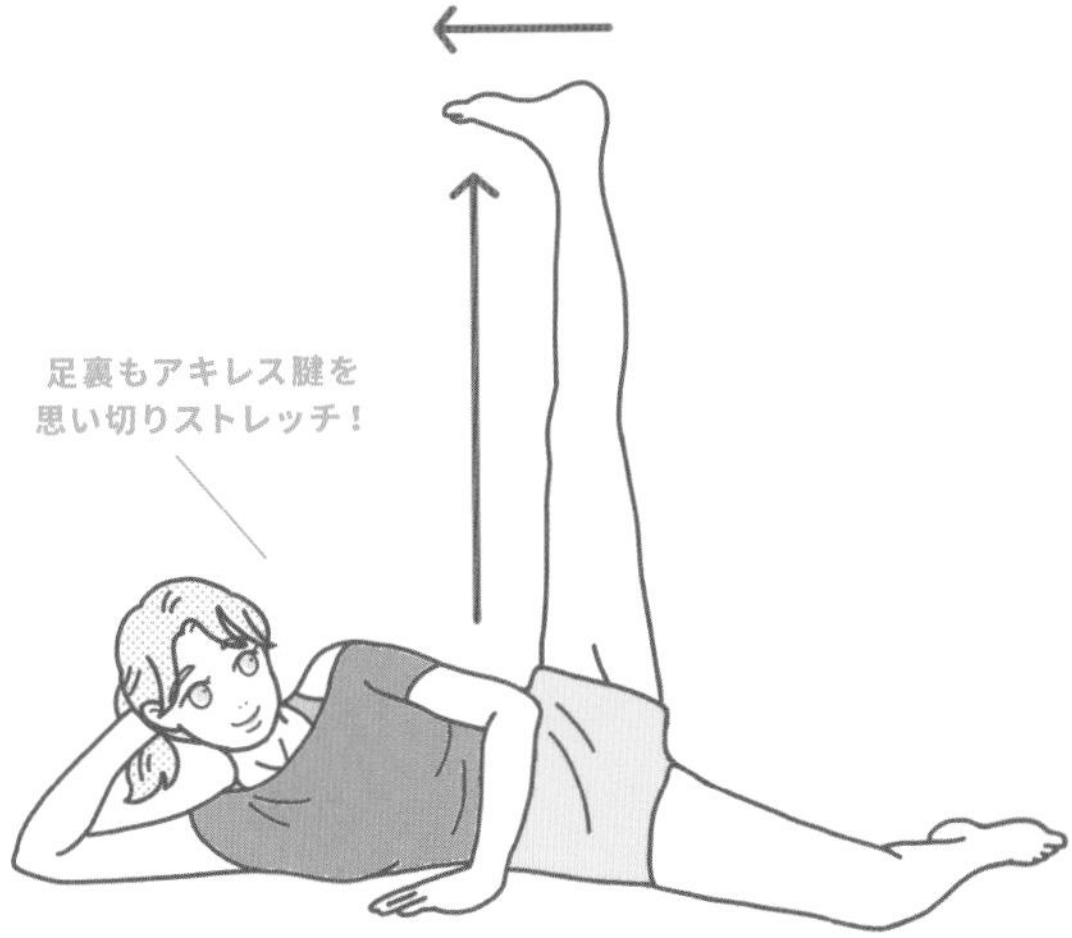
足裏もアキレス腱を
思い切りストレッチ！

4

足首を曲げ脚全体をストレッチ

脚を上げたまま、つま先を曲げて足首からアキレス腱をしっかりストレッチします。

習慣にすることは一生の武器になる

ダイエットって「夏までに！」とか「同窓会までに！」とか期間を決めてやるイメージがありますよね。でもよく考えてみて！ わざわざツライダイエットをしなくても、毎日のセルフケアで体型キープはできるんです。つまりセルフケアを毎日の習慣にすればいいのです。

{ method for "4-kubire" }

CHAPTER

5

“4つのくびれ”を加速度的に促進するやせグセ習慣

わたしがダイエットに成功してから20数年。スタイルキープできているのはこの「やせグセ習慣」のおかげなんです。毎日無意識にしていることも「意識」することで大きな変化が！

やせグセ習慣

1

アライメントを整える

毎朝正しい姿勢をカラダに覚えさせる

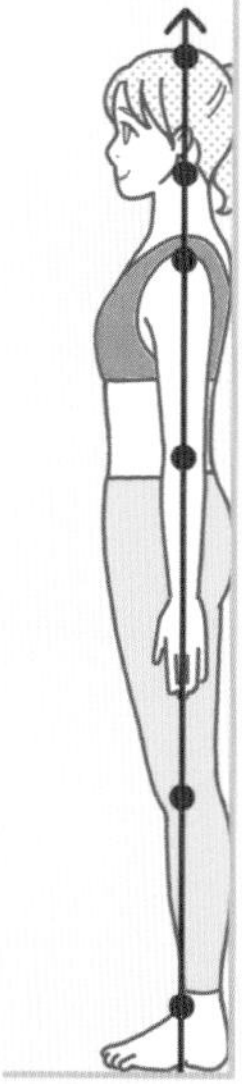

毎日壁に背を向け、かかと・ふくらはぎ・お尻・肩甲骨・後頭部が壁につくかどうか確認してみてください。**もし1か所でも壁につかなければ、身体のゆがみがあるということです。**毎朝、姿勢のチェックをして正しい姿勢を身体に覚え込ませるようにすれば、身体に染み付いてしまった悪いクセを改善することができ、やせグセにつながるのです。正しい姿勢を心がけることで、お顔がリフトアップしたり、バストが上向きになったり、内臓の位置も正しく整って、消化吸収にも良い影響が！

やせグセ習慣

2

歩き方を見直すと美脚に！

歩き方を変えるだけで脚のラインが整う

わたしたちは毎日無意識に歩いていますが、どのように歩いていますか？　正しい歩き方はイラストのような重心移動。かかとで着地→足の裏の外側→小指のつけ根→親指のつけ根の順に重心の移動をさせます。**正しい歩き方で歩くと、脚の筋肉をまんべんなく使うことができ、また足首は柔軟になり、可動域も広くなります。**普段はあまり意識していないと思いますが、足の指の力も強化できます。すると足裏にアーチができ、足の機能性がアップします。

やせグセ習慣

3

バスタイムで自分磨き

究極のながらケアはお風呂での習慣ケア

バスタイムは自分磨きに最適な時間なんです。自分だけの空間、もちろん裸ですから身体を隅々までチェックできますし、温まった身体は体温も上昇していますので、血流もリンパの流れも良くなっています。身体を洗いながらマッサージをすれば、泡が指の滑りを良くしてくれるので、わざわざオイルやクリームを使わなくてもいいんです。**足先・手先といった末端から心臓に向かって手を滑らせるだけで、デトックス効果がアップします。**お風呂から上がってマッサージするより、ずっと効率が良いと思いませんか？

やせグセ習慣

4

足のケアで身体の機能性を高める

カラダの土台である足をケアすると機能性UP

わたしは足のケアをしたことにより、半年で15kgのダイエットに成功しました。そればかりでなく、辛かった身体の不調がなくなり「元気」になりました。でも足のどこをケアすればいいのでしょうか？ **ズバリ足にある28個の骨をゆるめることなのです。**足の骨はゆるめると本来あるべき位置に戻ってくれます。すると足首のゆがみがなくなり、身体を支える力が増すのです。足首の動きと連動し、足裏の筋肉が刺激され、さらに足指もしっかり動くようになり、足裏のアーチが蘇るため**全身のバランスが良くなる**のです。

やせグセ習慣

5

首のマッサージとストレッチで小顔に！

身体と顔をつなぐ首は小顔になるスイッチ

わたしの経験上、小顔になるためには顔のむくみを取るのが先決です。大半の人は太って顔が大きくなっているのではなく、**皮膚の下に水分が溜まってむくみを起こしていることが多いのです。**ではその水分をなくすためにはどうしたらいいのでしょう？ それは血液とリンパの流れを促進するに限るのです。首には、太い血管・リンパ節が通っています。つまり首を動かすことで首の筋肉が伸縮し、その流れを促進することができるのです。そればかりでなく血流が良くなると首の筋肉がやわらかくなり、首コリも緩和させることができます。小顔になりたい人はまず首のケアをして！

やせグセ習慣

6

脇から足先まで自重ストレッチ

身体の側面を伸ばし、体液の巡りを良くする

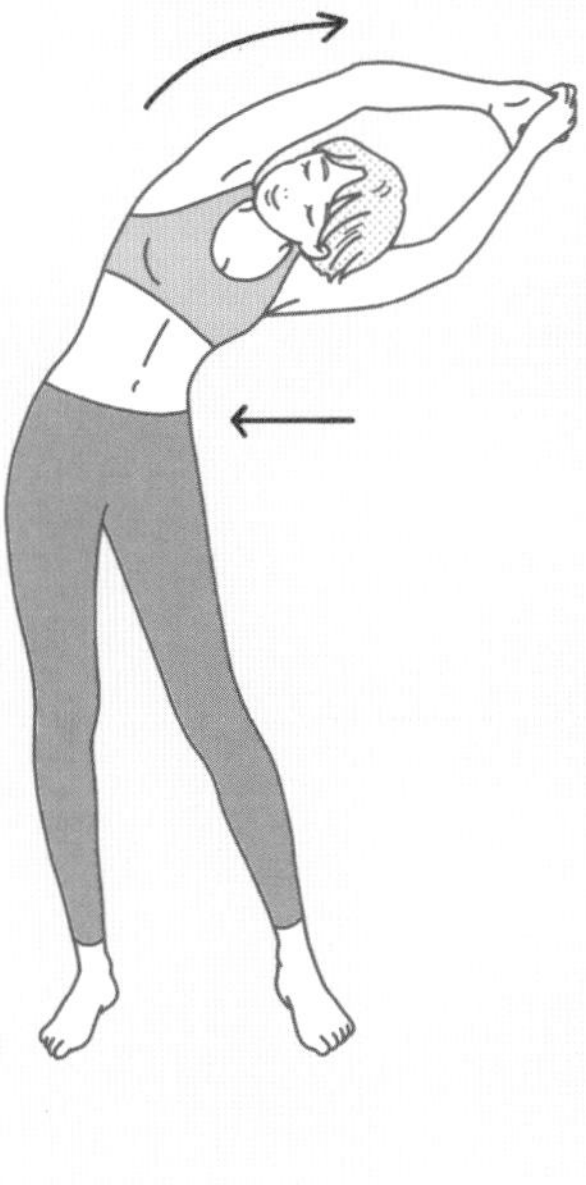

とにもかくにも体内に流れる「血液」「リンパ」の流れを良くすることが健康にも美容にも良いのです。様々な方法の中で簡単で、**即効性があるのが「身体の側面を伸ばす」こと。**やり方は簡単！ 脇の下からくるぶしにかけて弓のようにしならせて伸ばすだけ。腕を上げ、腰を真横にスライドさせながら、腕や頭の重みを使い、ゆっくり伸ばしていきます。そうすることで**普段は縮こまっている筋肉が伸び、その筋肉の動きにより血液やリンパの流れが促進され、巡りの良い身体になります。**

やせグセ習慣

7

手のケアで指先の感覚が目覚める

手首、手の指をゆるめることで末端まで血液を！

身体には太い血管だけでなく、足先や指先の末端まで細かい血管、つまり毛細血管がびっしり全身に張り巡らされています。血管もリンパ管もホースのようなもの。新品のホースは弾力があり、内側の壁もツルツルでなめらかですが、古くなると弾力を失い硬くなり、内側の壁にも汚れがついてしまいます。血管に置き換えて考えたら怖いですよね！ まずは手のケアをすることで、血管のおそうじをはじめましょう。**指の関節をゆるめ、末端の毛細血管に血液を送ってあげましょう。**すると指先の感覚も良くなります。

やせグセ習慣

8

ウエストひねりは いいことずくめ

ウエストをひねることで 血液&リンパの流れ促進、代謝UP

ウエストをひねることでウエストのくびれを作ることができるのですが、それ以上に嬉しいのは体内の巡りが良くなること。**お腹は太い血管とリンパ管が集中している部分**ですから、ウエストをひねることでそれらを刺激して、**流れを促進、代謝もアップする**のです。そしてひねることで**内臓も刺激され、動きが活発になる**という良い効果も！ ウエストひねりでカーヴィーなウエストと巡りの良い身体を手に入れましょう。

カラダを美しく変える・整える プロフェッショナル探訪

医療用加圧タイツの改革者 〈エンゾ・ピネリーさん〉

わたしが脚の健康のために愛用しているソックス・タイツは、
イタリア・ピネリー社製の「SOLIDEA」。
医療用として開発された
着圧ソックスですが、さらに進化し、
履いていて心地良い予防アイテムとして注目を浴びています。
そこでイタリアのピネリー社を訪ねました。

1976年イタリア マントヴァにてピネリーファミリーが設立した人間工学に基づいた着圧インナーブランド「SOLIDEA」。独自の研究により開発された段階着圧インナーは医療用・予防用共にファッション性を兼ね備え、女性が毎日楽しく予防できるアイテムを日々開発している。
左：創設者・会長 エンゾ氏、右：社長　ルカ氏。

わたしが初めて「着圧ストッキング」を履いたのは約20年程前。ダイエット中で脚の太さが気になっていたわたしは「美脚」「脚が細くなる」という言葉に飛びつきました。

しかし、脚が引き締まり、美脚になるはずが、脚の血色は悪くなり、履いていると足先がジンジンし、冷えとむくみがひどくなったのです。その経験からずーっと〝着圧反対派〟だったのですがSOLIDEAに出会い、一変。今では〝着圧〟愛用者になったのです。

段階着圧設計であることが重要なワケ

そもそも「着圧ソックス・ストッキング」は、下肢静脈瘤・深部静脈血栓症・リンパ浮腫など、治療・予防のために医療現場で使われてきたものです。

今では履くだけで脚のむくみを改善してくれるという手軽さが魅力とされ、むくみ防止や脚を細く見せるためだけに着用するかたが多くいらっしゃいます。でもそういったかたの中には、むくみや冷えが慢性化し、足のだるさが取れない、足裏の乾燥がひどくなったなど足のトラブルを抱えている人も多いのです。その原因は、圧が強すぎることにあります。

本来「着圧ソックス・ストッキング」は足首に最も強い圧をかけ、ふくらはぎ、太ももにかけて徐々に圧が弱くなる、「段階着圧設計」であることが大切なポイントなのです。

つまり、脚に適切な圧をかけることによって血液やリンパの循環を促進する、いわば補助アイテムでなければならないのです。

圧が強いものを履き続けていると脚が細くなるより、血管は締めつけられ、血流が悪くなる可能性が！　そして長時間・長期間着用することで血管がボロボロになることさえあるのです。

よく考えるととても怖いですよね。

医療用から進化した着圧と久式メソッドとの共通点

SOLIDEAの「着圧ソックス・ストッキング」は医療用として開発され、そして治療・予防用へと進化させてきました。人間工学に基づき計算された段階着圧で、ただ締めつけて細く見せるという単純なものではなく、本来身体が持つ機能をサポートするような設計になっています。しかもファッション性も兼ね備えているんです。

創業者であるエンゾ・ピネリーさんを訪ねて、SOLIDEAのブランドストーリーを伺いました。

創業当時、イタリアには下肢静脈瘤などの病を抱え、分厚い治療用のソックスを履かざるを得ない人が大勢いたそうです。ある日「治療用ソックス」にファッションストッキングを重ね履きしている女性を見かけ愕然。美しさとは程遠い足元。

「静脈瘤など足の病気を患っている人にと

って治療・予防の目的で毎日履かなければいけない着圧ソックス。ここにファッション性も兼ね備えることができれば、前向きにおしゃれを楽しみながら治療・予防に活用してもらえる。それこそが心身ともに良い効果をもたらしてくれる！ そして世の女性がもっと幸せになれるはず！ そう、確信したのです」

これがSOLIDEAの原点だと語るエンゾ会長。実際にその製品ラインアップを見ると治療・予防用には見えないおしゃれなデザインばかり。

一般的に治療・予防用の「着圧アイテム」は生地が分厚く、色は白とベージュの2色展開が多いのに対し、こちらのブランドは生地が薄く、柔らかい。色は白・ベージュに加え、ブラックやネイビー、チェックやドットなどの柄物もあるんです。これならオフィスにも、お出かけにも使える！ と誰もが思うことでしょう。

原理原則として、手首や足首などの末端から心臓に血液を戻すには、末端に力を入れ、血液を押し上げ、流れを促進することが重要です。「着圧ソックス・ストッキング」は、この身体のメカニズムを補助するための設計、つまり足首を一番強く圧迫し、静脈で心臓まで戻すものでなければならないのです。

わたしの独自のメソッド「久式リンパマッサージ」のベースにある「足首のケア」も理論は同じ。重力の影響で末端に溜まった老廃物や毒素を排泄するために、足や足首のケアをくまなくし、血液やリンパの流れを促進させるというものです。

「着圧ソックス・ストッキング」は、正しいものを選べば、様々な病気を予防するアイテムになります。なぜなら血液、リンパの流れが滞り、停滞することで引き起こされる身体の不調や病気が多いからです。

血流を正し、リンパの流れを促進することこそが、美と健康の元になるのです。

モードフィッター 長屋恵美子さん

モードを多角的に捉える洞察力と
幅広い知識をお持ちの長屋さん。お洋服は何よりも
フィッティングが大切。そのポイントとは？
「洋服は骨で着る」……この感覚を自分のものに
できたら、カッコいいお洒落ができそうです。

スタイリストとしてキャリアをスタート。その後オートクチュールデザイナーとなる。アトリエロングハウスを創業し、日本人初の個人専用フィッティングルームを開設。ファッションショー、舞台、テレビ、CM衣装の制作など活動は多岐にわたる。銀座三越内に「Reform Salon Atelier Longhouse」を持つ。

「モードフィッター」として活躍する長屋恵美子さんとの出会いで、わたしのお洋服選びは劇的に変わり、ボディラインも美しくなりました。長屋さんと初めてお会いしたのは約5年前。それからというもの、お洋服に関する様々な相談をさせていただき、わたしのワードローブに新たな息を吹き込んでくれています。

モードフィッターとは何をする人？

長屋さんはこれまで、多くの海外一流ブランドのファッションショーに欠かせない存在として活躍してきました。モデルが着る服の細やかな直しや、着せ方の調整を一手に行ってきたのです。２０１９年、12年ぶりに来日したイタリアファッションの巨匠、ジョルジオ・アルマーニのファッションショーでもフィッターに長屋さんが起用

されるなど、絶大な信頼が寄せられているプロフェッショナルです。

モードフィッターという言葉はあまり馴染みがないと思いますが、簡単に言うと「着心地よくお洋服を着こなすためのアドバイザー」。お洋服と着る人をしっかりつなぐ役目をしてくれます。

フィッティングが正しくなければダメ

カッコよく着こなすためには自分の身体にお洋服を馴染ませるのが大切です。それには正しいフィッティングが不可欠。

フィッティングというのはわかりやすく言うと「着方」のこと。正しいお洋服の選び方の基本でもあり、そのお洋服の持つ特徴を、最大限に引き出せる着方のことです。

ジャケットは少し前気味に着流すのがポイント。そうすることでウエスト位置が上がり、脚長効果が得られます。そしてスカートやパンツは、後ろ中心を上げること。ポイントはファスナーの開き止まりをヒップの一番高い部分、もしくはその少し上に位置するようにはくことです。それを間違えるとお尻は2〜3㎝垂れて見え、脚が短く見えるので要注意！

そして新しくお洋服を買うときには必ず試着をすること。チェックするポイントは、横から自分の身体を見て、ウエストの位置が合っているかどうか。もうひとつ大事なことは「コンプレックスを隠さないこと」。隠さず、むしろ出してきれいに見えるようにすることです。

お洋服は骨に着せる！

「肩甲骨は背中をきれいに見せるだけじゃなく、スタイルをよく見せてくれるんです。ジャケットでもシャツでも、Tシャツでも肩甲骨が浮き出ていると、とても女性らしく美しいと思いませんか?」。こう語る長屋さんのフィッティングは本書のテーマでもある「首」「ウエスト」「手首」、そして「肩甲骨」がポイントになっています。

「日本人は首が前に出気味で、前肩になる（着物文化の名残り）傾向があるので上着を着る時は少し前に着るようにすること。お洋服を自分の身体に馴染ませるにはウエスト位置がポイントであること。そして、袖はあえて少し腕まくりをして手首を出せば、全体的に細い印象をもたらしてくれること等々、骨をポイントにすることで自分の身体にきれいにお洋服を馴染ませるテクニックがあります」

ファッションは自分を変えてくれる!

「正しいフィッティングで、自分の身体に馴染むような着こなしができるようになると自然に自信が持て、見られる意識を持つようになります。その自信を確実なものにするためにやっていただきたいことがあります」と長屋さん。

「肩甲骨の位置を後ろにし、胸を開き、みぞおちに力を入れます。するとお腹が自然に引っ込められ美しい姿勢になります。この状態を意識することで、自分の内面をも変えることができるんです。〝意識する〟ということは自分をより良い状態へと引き上げてくれることにつながるのです」

長屋さんのフィッティングやお洋服のお直しはわたしのボディメンテナンスメソッドにとても似ていて、共通点がたくさんあると感じています。

今の自分にさらに磨きをかけるために、フィッティングを味方にしませんか?

くびれメソッドをサポートする わたしの愛用品

セルフケアを研究している中で出会った「コレ！」という優れものをご紹介します。アイテムも用途もいろいろですが、時間がない時や疲れた時には強い味方になってくれます。

セルフケアの相棒は音楽！ タイムキーパー代わりの曲を

SoundLink Micro Bluetooth® speaker／BOSE

楽しくないと習慣にはならない。だから単調になりがちなセルフケアは音楽を聴きながらが続く秘訣。好きな曲の長さを１パーツのケア時間の目安にするのもオススメ。わたしはお風呂でマッサージすることが多いので防水のものを愛用。B

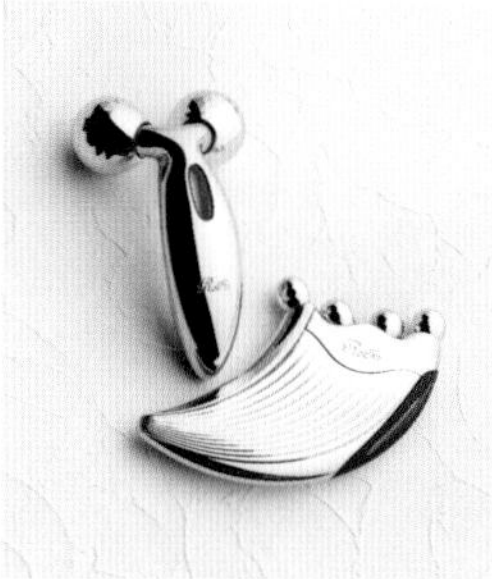

顔だけグリグリはＮＧ！ リンパ節に流して小顔に

リファカラット＆ リファフォーカッサレイ/Rifa

自力美容派のサポートアイテム。でも効果を出すには身体の排泄メカニズムを理解して使わないと、逆にむくみを加速させてしまうことも。首のラインから鎖骨へと下ろしていって「ほぐす→流す」で、リンパの流れを味方につけて。A

履くだけでマッサージ効果 究極の～ながらアイテム

メディック レッドウェーブ スパッツ ／SOLIDEA

人間工学に基づいた着圧ウェア。遠赤外線糸使用の伸縮性スパッツです。特殊なウェーブ生地の凸凹が肌に密着し、動くたびにマッサージ効果をもたらし、頑固なセルライトも履いている間にやわらかくしてくれます。E

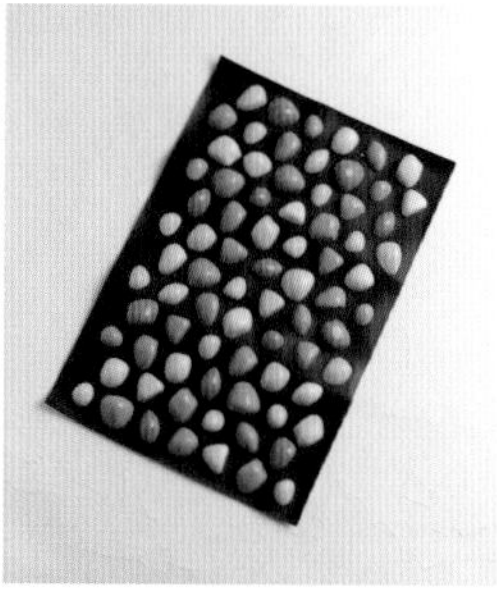

ズボラさんにもオススメ 足裏押しは朝がベスト！

健康シートヘルス ／誠時

いつでもどこでも足裏刺激。“ながらケア”に大活躍のマット。でも一番効果があるのは朝なんです。寝ている間に足先に溜まった老廃物や毒素を排泄しましょう。足の指と指の間にググッと入るので、立って足踏みデトックス。D

ベッドで寝ながら使えて 足首ほぐしも優秀

エアーマッサージャー コードレス レッグリフレ／パナソニック

むくみが気になる時は就寝前にベッドで使用。嬉しいのは足首もほぐしてくれるところ。巻き方を変えれば、土踏まずやくるぶしも揉みあげてくれます。スネ用のパッドをふくらはぎ内側の静脈部分にセットすればむくみ撃退効果も。C

recommended items♡

大好きな香りの週末ボディケア用オイル

ホワイトバーチ ボディオイル＆ざくろオイル／ヴェレダ

ホワイトバーチは太ももやヒップに、ざくろオイルはデコルテや首・バストに。指の滑りがよいので大きい範囲をマッサージしやすくリッチなオイルタイプは週末集中ケアに最適。肌の乾燥が気になる時には化粧水を混ぜて使っても。H

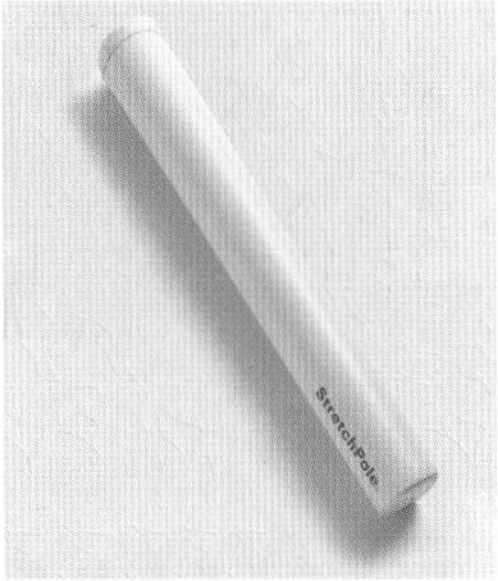

背骨のゆがみなかったことに！

ストレッチポール®EX／LPN

アスリート用に開発された直径15㎝、長さ約98㎝の円柱型ツール。ここに身体をのせて行うエクササイズは1日の終わりが効果的。筋肉がゆるみ背骨が整う以外にも呼吸が深くなり副交感神経が優位になって、リラックスできます。G

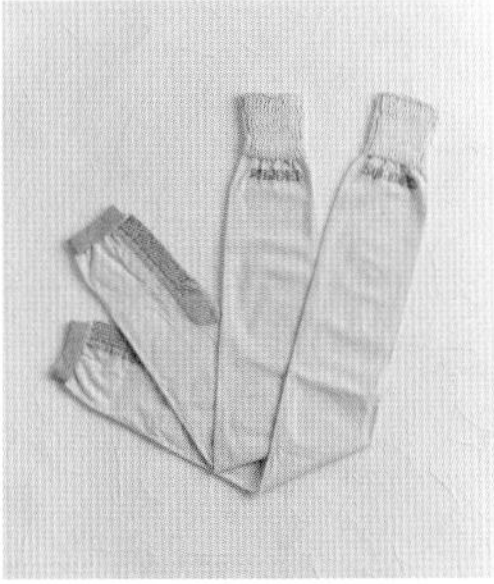

1年365日愛用おやすみ用着圧ソックス

メディック ナイトウェルネス／SOLIDEA

その日の疲れやむくみはその日のうちにケア！ 履いて寝るだけでむくみがとれるナイト用ソックス。人間工学に基づき、医療用から進化した段階着圧ですので身体に優しく、冷え症改善やむくみ対策に効果大。F

週末はたっぷり
集中ケアしますが普段は
“ながらケア”でもOK！
カラダに触れる時間を
意識して作りましょう。

recommended items♡

オーガニックアロマオイルで全身もちもち肌に!

ボディオイルシェイピング／アロマプロオーガニクス

とにかくこだわって作った「美Conscious オリジナルオイル」。厳選したオーガニックアロマオイルをブレンドしたボディケアオイル。ボディだけでなくお顔にもヘアにもお使いいただけるので旅行などにも重宝します。K

脚とお腹&ヒップ専用の最強ボディケアアイテム

クレーム マスヴェルト&ボディフィット／クラランス

お風呂上がりや朝の着替えの時に、気になるパーツにひと手間!ボディフィットは脚専用。つま先から太ももまでスーッとする使い心地がクセになるアイテム。お腹&ヒップの引き締めにオススメです。ベタつきがないので就寝前でもOK。J

バスタイムのボディケアを習慣にするなら香りが大切

ボディオイル アンティ オー&トニック／クラランス

わたしにとってクラランスの「トニック」と「アンティオー」は好きな香りであると同時に戒めの香り。なぜならダイエット中、愛用していたからです。この香りを嗅ぐと太っていたあの頃を思い出し、ボディケアに力が入るんです。I

週に1回は負荷をかけて筋肉にアプローチ!

Training Ankle & Wrist Weight Dumbbell／アディダス

週に1回はかるーいウエイトを腕や足首につけて程よく筋肉にアプローチします。足首につけてつま先立ちエクササイズをしたり、手首につけて床掃除をしたりして普段使っていない筋肉に意識的にアプローチ。N

ブルブル振動!こわばった筋肉や関節に

3D CONDITIONING BALL／ドクターエア

座りっぱなしでお尻のコリが気になった時や脚の付け根をゆるめたい時は振動でじんわり、ゆっくりゆるめるのがオススメ。振動の強さも選べるので全身に使えます。血流がよくなり、リラックス効果も得られます。M

思いついたらどこでも!実は"使える"ゴルフボール

ゴルフボール／美Conscious オリジナルゴルフボール

ゴルフボールは小さく持ち運びが楽なのでバッグに入れておくと便利なアイテム。足の裏だけでなく、腕やデコルテのケアにもオススメです。デスクワーク中は、靴下の中に入れて足裏を刺激するとデトックス効果が得られます。L

～ながらケアなら
忙しくてもできるはず。
足裏を刺激することで、
デトックス力がUPし、
むくみもスッキリ！

フラフープでウエストのくびれ３㎝マイナス

ウエイト付きフラフープ／VHOOP

このフラフープ、すごいんです！なんと1週間でウエストが3cmもサイズダウンした最近お気に入りのフィットネスアイテム。スマホと連動し、消費カロリーやまわした回数などを記録。引き締めながらしなやかなBODYに！ O

足に溜まった老廃物も毒素もかき出す凸凹ローラー

FOOT ROLLER／IMPHY

IMPHYの凸凹ローラーは細かい部分までしっかりケアができる優秀アイテム。かかとや足裏のフチ、足指の間など細かい部分まで凸凹がフィット。踏んでゴロゴロするだけで骨の間までしっかりケアできるってすごいでしょ。P

問い合わせ先

A http://www.refa.net
B https://www.bose.co.jp
C https://panasonic.jp/
D https://www.amazon.co.jp/
E・F https://solideajapan.com
G http://stretchpole.com
H https://www.weleda.jp
I・J https://www.clarins.jp
K http://aromaproorganics.com
L http://yhbody.com
M https://www.dr-air.com
N https://shop.adidas.jp
O http://vhoop.net
P http://imphy.jp

EPILOGUE

この本を手に取ってくださった皆様へ

終わりまで読んでくださり、ありがとうございます。

わたしが経験してきたこと、学んできたことが皆様のお役に立てればとても嬉しいです。

わたしはセラピストとして日々お客様の身体のメンテナンス

をしています。そして、本の出版を機にセミナーや講座なども行うようになりました。

そこでわたしがお伝えしているのは「セルフチェック」「セルフケア」の重要性です。なぜならわたしはこの2つを習慣にしたことにより、やせることができ、また健康で日々楽しく過ごすことができるようになったからです。それは自分の身体の状態を正しく知ること、また自分と向き合うことにもつながります。

まずは「セルフチェック」。朝起きたときの鏡に映った自分の顔を観察することからはじめてみてください。顔色や肌の状態、むくみなど……。例えば、食べ過ぎたなと感じた翌朝の目覚めはいかがでしょう？ 顔色やむくみ、朝一番の尿の匂いや色、体がダルく感じたり、胃が重い感じがあるかもしれません。そういったちょっとした変化にも気づくことが大切なのです。それから全身を鏡に映して、立ち姿勢、肩・ウエストの位置、脚のライン、足のむくみなどを隈なくチェックしましょう。肩がコリで盛り上がっていたり、猫背になっていたりと毎日観察していることに気がつくはずです。チェック項目は2章の「まず、自分のウィークポイントを知ろう」を参考にしてみてください。

そして「セルフケア」。まず自分の身体に触れる習慣をつけることが大切です。なかなか習慣にするのは大変だと思いますが、お風呂に入るときや顔を洗うときにプラスαケアしてみてください。最初は短い時間でOK。効果を実感できれはケアすることが楽しみになり、ケアに費やす時間は自然と長くなるはずです。少しずつケアするパーツを増やしていくことで身体の連動性にも気がつくと思います。4章で紹介している「くびれケアにプラス 久式パーツやせメソッド」では、サロンの施術でも行うテクニックを紹介していますので気になるパーツのケアにお役立てください。

セルフケアに「久式リンパマッサージ」を！

「久式リンパマッサージ」は、血液・リンパ・骨格（関節）・反

射区（ツボ）などをしっかりケアできるメソッドです。身体のメカニズムに沿って理解しながら行うことでセルフケアの効果がグッとアップします。

本書では今まで紹介してきたメソッドを人体学とともに、より簡単アレンジし紹介させていただきました。皆様の美と健康に役立てていただければ幸いです。

最後になりましたが尊敬する帯津良一先生、モードフィッターの長屋恵美子先生、ピネリー社の皆様、そしてわたしの活動を応援し、見守ってくださる皆様、編集担当の阿久里さん、わたしの大切な家族、亡き最愛の父に感謝いたします。

２０１９年12月　久優子

装丁・本文デザイン　月足智子

イラストレーション　西村オコ

ヘア・メイク　鈴木麻衣子

撮影　櫻井めぐみ
伏見早織（世界文化社）

DTP制作　株式会社アド・クレール

校正　株式会社円水社

編集協力　関根麻実子

編集　川崎阿久里（世界文化社）

久 優子（ひさし ゆうこ）

ボディメンテナンスセラピスト
美脚トレーナー
ボディメンテナンスサロン
「美Conscious～カラダ職人～」代表

1974年生まれ。脚のパーツモデルを経て、ホリスティック医学の第一人者である帯津良一医師に師事。予防医学健康美協会、日本リンパセラピスト協会、日本痩身医学協会で認定を受け、講師としても活動。その後も様々な観点から独自のボディメンテナンスメソッドを確立。マイナス20kgのダイエットに成功した経験を活かし、「足首」のケアをもとに「足首から関節をやわらかくすることから身体を整える」美メソッドを考案。主宰するボディメンテナンスサロンは開業当時から完全紹介制。美脚作りはもちろん、身体のバランスを整える駆け込みサロンとして有名人のファンも多い。

理事を務める「日本ホリスティックトータルビューティ協会」ではセルフケアや人体学のセミナー・講座などを定期的に開催。著書に『1日3分！足首まわしで下半身がみるみるヤセる』（PHP研究所）、『脚からみるみるやせる2週間レシピ』『押したら、ヤセた。』『やせたいところから最速でやせる！久式リンパマッサージ』『奇跡の小顔マッサージ』（宝島社）、『のばして美やせ めざせ！ 細カーヴィな身体』（光文社）など多数。

http://yhbody.com/

最強くびれメソッド

発行日 2020年1月5日　初版第1刷発行

著　者　久 優子
発行者　竹間 勉

発　行　株式会社世界文化社
〒102-8187　東京都千代田区九段北4-2-29
編集部　電話　03（3262）5118
販売部　電話　03（3262）5115

印刷・製本　株式会社リーブルテック

ISBN978-4-418-19406-3